Palestinian Arabic Verbs

Conjugation Tables and Grammar

Matthew Aldrich

with Ahmed Younis

lingualism

ISBN: 978-1-949650-27-3

website: www.lingualism.com

email: contact@lingualism.com

Contents

Introduction ii
How to Use This Book iii
Pronunciation v
Consonants v
Vowels vii
The Conjugation Tables 1
Personal Pronouns 109
Independent Pronouns 109
Suffixed Pronouns 110
Verb Forms and Uses 111
The Base Form 111
The Perfect Tense 111
The Imperfect Tense 113
The Bi-Imperfect Tense 115
The Imperative 116
The Active Participle 117
Compound Tenses 118
Verb Patterns 119
Measures 119
Qualities 121
Indexes 122
Index by Table Pattern 122
Arabic – English Index 138
English – Arabic Index 148

Introduction

Palestinian Arabic Verbs: Conjugation Tables and Grammar was designed as both a reference and self-study learning tool. The book presents over 100 conjugation tables of some of the most commonly used verbs in everyday speech. The tables also serve as models for conjugating practically any verb in the language. The index in the back of the book lists over 750 verbs categorized by conjugation pattern with references to the tables that model each pattern.

Each conjugation table is followed by several example sentences that show the verb in use in various tenses, with common structures (including negation), collocations, and meanings. A concise grammar guide following the tables gives more explicit information on the uses of tenses in Palestinian Arabic.

The conjugation tables show perfect, imperfect, bi-imperfect, imperative, and active participle forms of verbs. (These may also be known by other grammatical names, such as past, subjunctive, present, command, and present participle, respectively.) The passive participle (past participle) and verbal noun (gerund, masdar) are not included in the tables as they are used as adjectives and nouns, falling outside the scope of this book.

I want to thank Ahmed Younis for his collaboration on this project. Ahmed–who is from Gaza, Palestine–tirelessly recited each of the conjugated verb forms on which the tables are based, wrote the example sentences, answered my many, many questions to ensure a high level of accuracy and authenticity of the information, helped edit the materials, and professionally recorded all of the conjugation tables and example sentences.

Audio

Visit **www.lingualism.com/pav**, where you can find free accompanying audio to download or stream (at variable playback rates)

How to Use This Book

Tables appear in alphabetical order, **numbered** for easy reference. In the indexes, this table is referenced as **T-1**.

Arabic verbs are traditionally grouped into **measures**.
➲ *p. 119*

The most **basic form** of an Arabic verb (the 3rd-person singular perfect tense form) is used to reference the verb, as the infinitive is in English.

A single, common **translation** of each verb is given at the top of the table. Other possible translations and meanings can be found in the example sentences and indexes.

The **persons** appear in the left column, written only in phonemic transcription so as not to distract from the verb written in Arabic.
➲ *p. 109*

Tenses and moods head each column. Study the grammar section for the usage of each.
➲ *p. 111-119*

Notes highlight idiosyncrasies of certain verbs.

Conjugated verbs appear both in Arabic script and **phonemic transcription**.
➲ *p. v-viii*

Audio tracks with the conjugated forms and example sentences for all tables are available to download for free at **www.lingualism.com/pav**.

1 *irregular defective measure I* **to come** أَجا

	perfect		imperfect		bi-imperfect	
ána	*jīt*	جيت	*āji*	آجي	*bāji*	باجي
íḫna	*jīna*	جينا	*nīji*	نيجي	*bnīji*	بْنيجي
ínta	*jīt*	جيت	*tīji*	تيجي	*btīji*	بْتيجي
ínti	*jīti*	جيتي	*tīji*	تيجي	*btīji*	بْتيجي
íntu	*jītu*	جيتوا	*tīju*	تيجوا	*btīju*	بْتيجوا
húwwa	*ája*	أجا	*yīji*	ييجي	*bīji*	بيجي
híyya	*ájat*	أَجَت	*tīji*	تيجي	*btīji*	بْتيجي
húmma	*áju*	أجوا	*yīju*	ييجوا	*bīju*	بيجوا

	imperative	
ínta	*ta3āl*	تَعال
ínti	*ta3āli*	تَعالي
íntu	*ta3ālu*	تَعالوا

	active participle	
masculine	*jāy*	جاي
feminine	*jāya*	جايَة
plural	*jāyīn*	جايين

⚠ ① Only the third-person perfect forms begin with أ *a*-.
② The positive imperative is completely unrelated to the verb.

لَيْش ما جيتِش (ما جيت) عالنَّادي اليوْم؟
Why didn't you come to the gym today?

خَواتي بيحِبّوا ييجوا عِنّا كُلّ فترْة.
My sisters like to visit us every once in a while.

عمْتي ساكْنة برّا وبْتيجيش (ما بْتيجي) عالبلد إلّا كُلّ خمْس سْنين.
My aunt lives abroad and doesn't come home except once every five years.

تعال عليّا بُكْرا ونْطْلع سَوا.
Come to my place and we'll go out together.

وَقْتيْش جايين؟
When are you coming?

Example sentences demonstrate the verb being used in various tenses, moods, and persons. Study the sentences to better understand the range of meanings (and translations) and idiomatic usage of the verb.

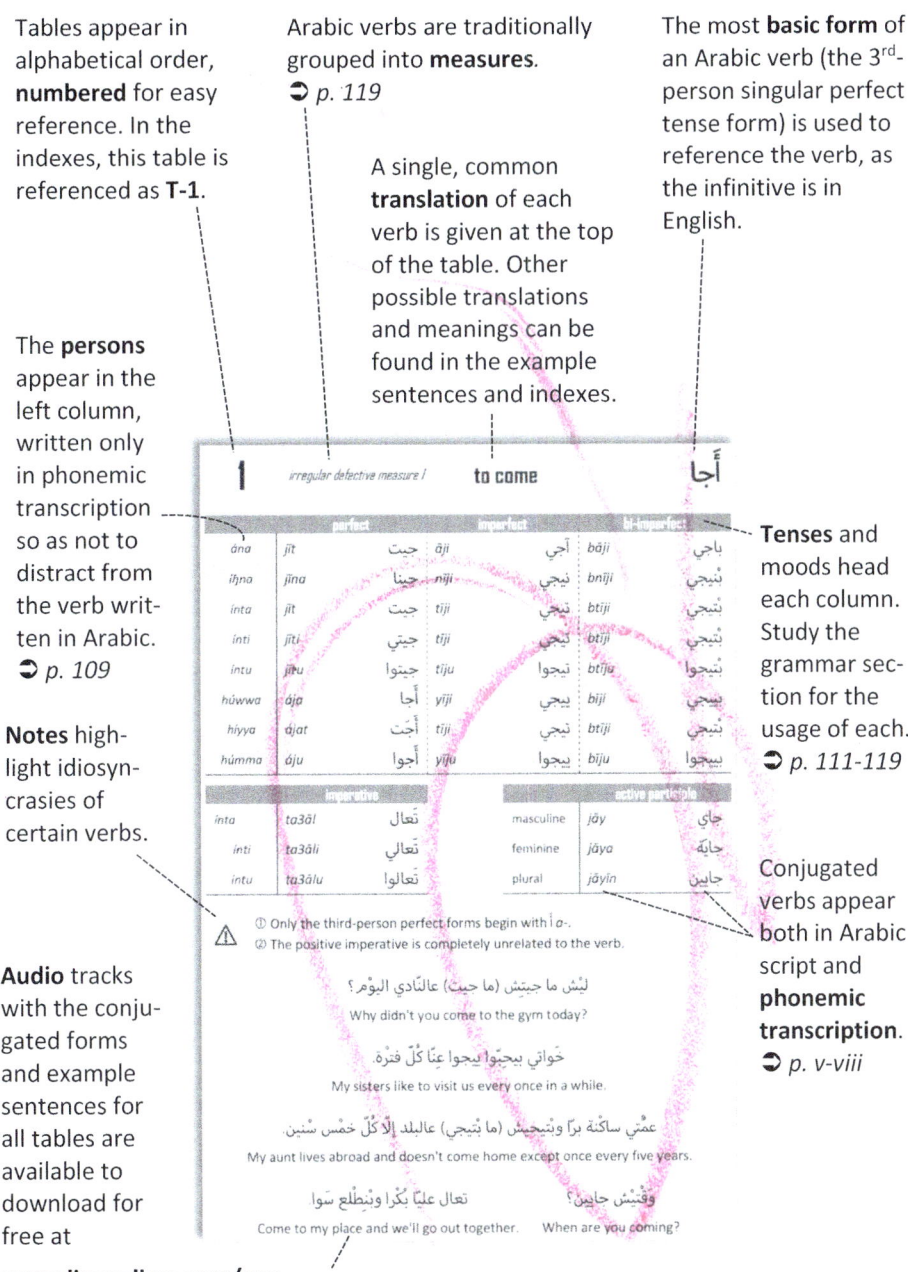

Use the **Index by Table Pattern** to conjugate hundreds more common Palestinian Arabic verbs.

First, find the verb you would like to conjugate in the Arabic Index (➲ *p. 138*) or English Index (➲ *p. 148*). Next to it, you will see an alphanumeric label. For example, if you look up سبح or *swim,* you will see 1s1 following the verb.

Now, go to the Index by Table Pattern (➲ *p. 122*) and find group 1s1. (Notice that 1s1 is shorthand for **measure I, sound, first subgroup**. ➲ *p. 119-121*).

You can see سبح *swim* listed alphabetically in group 1s1. There is no conjugation table for this particular verb, but all of the verbs belonging to group 1s1 share the same conjugation pattern. Use any of the verbs that do have a table (marked **T-**) to model the conjugation of سبح.

You can, for example, look up **T-45** (table 45 on *p. 45* for the verb دفع *pay*) and substitute the three radicals (consonants) of this verb with those of سبح *swim.* If you want to say *they swim,* find the equivalent of *they pay* in table 45 (the bi-imperfect *húmma* form): بيدْفعوا *bídfa3u* and transform it into بيسْبَحوا *bísbaħu*. You could also use T-52 or T-75, which follow the same pattern.

1s1	*sound measure I* ①	
	بعت	send; mail
	بلع	swallow
	جرح	wound, injure, hurt
	جمع	add, add up; harvest
	خدع	deceive
	خشع	be submissive (in prayer)
	خلع	snatch
	دعس	step, tread (on على)
T-45	دفع	pay
	دهن	paint
	رفع	raise
	زحف	crawl
	زرع	plant (a seed), grow (a plant)
T-52	سأل	ask
	سبح	swim
	سحب	withdraw
	سمح	allow, permit
	شحد	beg (for money)
	شرح	explain
	شلح	undress, take off (clothes), remove (clothes)
	صنع	manufacture
	ضغط	click (on على)
	طبع	print
	طحن	grind
	طرح	subtract
	غرق	sink
T-75	فتح	open
	فحص	examine
	فلح	plow (field); work hard
	قطع	cross, pass
	لحس	lick
	مدح	praise (someone)
	مزح	joke; kid
	مسح	wipe, mop
	منع	forbid

Pronunciation

Palestinian Colloquial Arabic (PCA) is a spoken dialect with no official status or rules of orthography. Native speakers tend to borrow spelling conventions from Modern Standard Arabic with some accommodations to account for PCA pronunciation. Arabic script, however, is ill-suited to show the actual pronunciation of PCA, including word stress and sound changes that occur when verbs are conjugated. Even if you are comfortable with Arabic script, it is advised that you pay close attention to the phonemic transcription (and audio tracks) to determine a more precise pronunciation of verbs. IPA (International Phonetic Alphabet) symbols are found in [square brackets] in the descriptions below.

Consonants

The following sounds are also found in English and should pose no difficulties:

			<u>*examples*</u>
b	ب	[b] as in **b**ed	*bána* بنى *(build)*
d	د	[d̪] as in **d**og, but with the tongue touching the back of the upper teeth	*dáfa3* دفع *(study)*
f	ف	[f] as in **f**our	*fātūra* فاتورة *(bill)*
g	ق	[g] as in **g**as by the majority of Palestinians, especially in Gaza. Some speakers in urban areas (and especially among women) may pronounce ق as a hamza sound ء [ʔ].	*gára* قرا *(read)*
j	ج	[ʒ] as in plea**s**ure and bei**g**e	*jísim* جِسِم *(body)*
h	ه	[h] as in **h**ouse	*hájam* هجم *(attack)*
k	ك	[k] as in **k**id	*ákal* أكل *(eat)*
l	ل	[l] a light ***l*** as in **l**ove	*líbis* لِبِس *(get dressed)*
m	م	[m] as in **m**oon	*māt* مات *(die)*
n	ن	[n] as in **n**ice	*nísi* نِسي *(forget)*
s	س ث	[s] as in **s**un	*sána* سنة *(year)*
š	ش	[ʃ] as in **sh**ow	*šū* شو *(what)*
t	ت	[t̪] as in **t**ie, but with the tongue touching the back of the upper teeth	*ta3āl* تعال *(come)*
w	و	[w] as in **w**ord	*wēn* وين *(where)*
y	ي	[j] as in **y**es	*yíktib* يِكْتِب *(he writes)*
z	ز ذ	[z] as in **z**oo	*zār* زار *(visit)*

The following sounds have no equivalent in English and require special attention. However, some exist in other languages you may be familiar with.

r	ر	[ɾ] tapped (flapped) as in the Spanish ca**r**a or the Scottish pronunciation of t**r**ee	*ráma* رمى *(throw)*
ɣ	غ	[ɣ] very similar to a guttural ***r*** as in the French Pa**r**is or the German **r**ot	*ɣēr* غير *(different)*
x	خ	[x] as in the German do**ch**, Spanish ro**j**o, or Scottish lo**ch**	*áxad* أخد *(take)*
ɧ	ح	[ħ] like a strong, breathy ***h***, as if you were trying to fog up a window	*ɧubb* حُبّ *(love)*
3	ع	[ʕ] a voiced glottal stop, as if you had opened your mouth under water and constricted your throat to prevent choking and then released the constriction with a sigh	*3írif* عِرف *(know)*
ʔ	ء	[ʔ] an unvoiced glottal stop, as [ʕ] above, but with a wispy, unvoiced sigh; or more simply put, like the constriction separating the vowels in uh-oh	*ʔíbil* قِبِل *(accept)*

The following sounds also have no equivalent in English but are emphatic versions of otherwise familiar sounds. An emphatic consonant is produced by pulling the tongue back toward the pharynx (throat), spreading the sides of the tongue wide as if you wanted to bite down on both sides of your tongue, and producing a good puff of air from the lungs.

ḑ	ض	[dˤ] emphatic ***d***	*ḑárab* ضرب *(hit)*
ş	ص	[sˤ] emphatic ***s***	*şúbiɧ* صُبح *(morning)*
ţ	ط	[tˤ] emphatic ***t***	*ţálab* طلب *(ask)*
ʐ	ظ	[zˤ] emphatic ***z***	*ʐábaţ* ظبط *(fit)*

Vowels

In PCA, vowels have some fluidity to their quality—their pronunciation is affected by neighboring consonants. The phonemic transcription offers an approximation based on the Arabic script. However, you should rely on the audio tracks to mimic a more precise pronunciation. Foreign words, in particular, may deviate from the rules below. Final vowels may be marked as long, but in reality, are often pronounced somewhat shorter.

			<u>*examples*</u>
a	ـَ	The most versatile of the vowels, **a** may be pronounced a number of ways, most commonly [æ] as in c**a**t (but with the jaw not quite as lowered as in English); sometimes [ɛ] as in b**e**d, but sometimes more open, as the French é [e]; [a] as in st**o**ck when in the same syllable with ***ħ*** or ***3***; usually [ɑ] as in f**a**ther (but shorter) when in the same word as ***q, ḍ, ṣ, ṭ, ẓ***, or, in most cases, ***r***	*kátab* كَتَب *(write)* *ħaṭṭ* حَطّ *(put)* *ma3* مَع *(with)* *ḍárab* ضَرَب *(hit)* *áṣɣar* أصْغَر *(younger)*
ā	ـا	[æ:] / [a:] / [ɑ:] as with ***a*** above but longer	*nām* نام *(sleep)* *jā3* جاع *(get hungry)* *maqāl* مقال *(article)*
ē	ـيْ	[e:] as in pl**ay** (but without the glide to [j])	*wēn* ويْن *(where)*
i	ـِ	[ɪ] as in k**i**d; [ɛ] as in b**e**d when in the same syllable with ***ħ*** or ***3***; when in the same word as ***q, ḍ, ṣ, ṭ,*** or ***ẓ,*** [ɨ] with the tongue pulled back a bit	*3ílim* عِلِم *(science)* *líbis* لِبِس *(undress)* *ḍidd* ضِدّ *(against)*
ī	ـي	[i:] as in sk**i**; [ɛ:] and [ɨ:] as with **i** above (but longer)	*fī* في *(there is)* *ybī3* يْبيع *(he sells)* *iṣṣīn* الصّين *(China*
ō	ـوْ	[o:] as with **o** above but longer	*nōm* نوْم *(sleep)*
u	ـُ	[ʊ] as in b**oo**k	*yúṭlub* يُطْلُب *(he orders)*
ū	ـو	[u:] as in m**oo**n	*šū* شو *(what)*

Also to Note:

- The pronunciation rules laid out above are guidelines, rules of thumb. There are many exceptions to these simplified pronunciation rules. Sound changes occur in many instances, according to grammatical inflections such as verb conjugation. A treatment of these, pertaining to grammar, lies outside the scope of this book. Look for patterns in the example sentences to come up with your own rules, and, of course, ask a native speaker when in doubt.
- Attempts have been made to maintain a consistent orthography (spelling) in the Arabic script throughout this book. You will, of course, see various spellings of words by native speakers, as there are no official spelling rules for dialects. *Tashkeel* (diacritic marks) are not normally used by Arabs in their writing but are used in this book for the benefit of learners. Full tashkeel is given in the tables, while a slightly more minimalist approach is taken in the example sentences. To avoid clutter and make the text more readable, fatha is assumed to be the default vowel and is not normally written. Also, some very common words and affixes are written without tashkeel:

ـية	*-íyya*
الـ	*il-* / *li-* (followed by shadda when assimilated before certain consonants ("sun letters").
اللي	*ílli*
و	*u, w*

1 *irregular defective measure I* **to come** أَجا

	perfect		imperfect		bi-imperfect	
ána	*jīt*	جيت	*āji*	آجي	*bāji*	باجي
íḫna	*jīna*	جينا	*nīji*	نيجي	*bnīji*	بْنيجي
ínta	*jīt*	جيت	*tīji*	تيجي	*btīji*	بْتيجي
ínti	*jīti*	جيتي	*tīji*	تيجي	*btīji*	بْتيجي
íntu	*jītu*	جيتوا	*tīju*	تيجوا	*btīju*	بْتيجوا
húwwa	*ája*	أَجا	*yīji*	ييجي	*bīji*	بييجي
híyya	*ájat*	أَجَت	*tīji*	تيجي	*btīji*	بْتيجي
húmma	*áju*	أَجوا	*yīju*	ييجوا	*bīju*	بييجوا

	imperative	
ínta	*ta3āl*	تَعال
ínti	*ta3āli*	تَعالي
íntu	*ta3ālu*	تَعالوا

	active participle	
masculine	*jāy*	جاي
feminine	*jāya*	جايَة
plural	*jāyīn*	جايين

⚠ ① Only the third-person perfect forms begin with أ *a*-.
② The positive imperative is completely unrelated to the verb.

لَيْش ما جيتِش (ما جيت) عالنّادي اليوْم؟

Why didn't you come to the gym today?

خَواتي بيحِبّوا ييجوا عِنّا كُلّ فترْة.

My sisters like to visit us every once in a while.

عمّْتي ساكْنة برّا وبْتيجيش (ما بْتيجي) عالبلد إلّا كُلّ خمْس سْنين.

My aunt lives abroad and doesn't come home except once every five years.

تعال عليّا بُكْرا ونْطِلع سَوا.

Come to my place and we'll go out together.

وَقْتيْش جايين؟

When are you coming?

2 *irregular measure I* **to take** أَخَد

	perfect		imperfect		bi-imperfect	
ána	*ʔaxádit*	أَخَدت	*ʔāxud*	آخُد	*bāxud*	باخُد
íħna	*ʔaxádna*	أَخَدْنا	*nāxud*	ناخُد	*bnāxud*	بْناخُد
ínta	*ʔaxádit*	أَخَدت	*tāxud*	تاخُد	*btāxud*	بْتاخُد
ínti	*ʔaxádti*	أَخَدْتي	*tāxdi*	تاخْدي	*btāxdi*	بْتاخْدي
íntu	*ʔaxádtu*	أَخَدْتوا	*tāxdu*	تاخْدوا	*btāxdu*	بْتاخْدوا
húwwa	*ʔáxad*	أَخَد	*yāxud*	ياخُد	*byāxud*	بْياخُد
híyya	*ʔáxdat*	أَخْدَت	*tāxud*	تاخُد	*btāxud*	بْتاخُد
húmma	*ʔáxadu*	أَخَدوا	*yāxdu*	ياخْدوا	*byāxdu*	بْياخْدوا

	imperative	
ínta	*xud*	خُد
ínti	*xúdi*	خُدي
íntu	*xúdu*	خُدوا

	active participle	
masculine	*māxid*	ماخِد
feminine	*māxda*	ماخْدَة
plural	*māxdin*	ماخْدين

① The imperfect forms have a long vowel, unlike regular measure I verbs.
② The active participle begins with مـ *m-*, unlike regular measure I verbs.
③ أكل *ʔákal* (**T-5**) is the twin of this irregular verb.

لَيْش ما أخَدْتيش (ما أخَدْتي) علامة كامْلة في الحِساب؟

Why didn't you get an A [full marks] in math?

بِدْكو تاخْدوا تلْخيصي؟

Would you like to take my notes [of the lecture]?

صْحابي لمّا يْروحوا عالبحر بْياخْدوا معْهُم كوْرة.

My friends take a soccer ball with them when they go to the beach.

سْمِعِت إنِّك ماخْدة أخوكي معِك عالجامْعة.

I heard that you took your brother to the university with you.

خُد معك كيس الزّْبالة.

Take the trash bag with you.

3 *irregular defective measure IV* to give أَعْطى

	perfect		imperfect		bi-imperfect	
ána	*ʔa3ţēt*	أَعْطيْت	*ʔá3ţi*	أَعْطي	*bá3ţi*	بَعْطي
íђna	*ʔa3ţēna*	أَعْطيْنا	*ná3ţi*	نَعْطي	*bná3ţi*	بْنَعْطي
ínta	*ʔa3ţēt*	أَعْطيْت	*tá3ţi*	تَعْطي	*btá3ţi*	بْتَعْطي
ínti	*ʔa3ţēti*	أَعْطيْتي	*tá3ţi*	تَعْطي	*btá3ţi*	بْتَعْطي
íntu	*ʔa3ţētu*	أَعْطيْتوا	*tá3ţu*	تَعْطوا	*btá3ţu*	بْتَعْطوا
húwwa	*ʔá3ţa*	أَعْطى	*yá3ţi*	يَعْطي	*byá3ţi*	بْيَعْطي
híyya	*ʔá3ţat*	أَعْطَت	*tá3ţi*	تَعْطي	*btá3ţi*	بْتَعْطي
húmma	*ʔá3ţu*	أَعْطوا	*yá3ţu*	يَعْطوا	*byá3ţu*	بْيَعْطوا

	imperative	
ínta	*ʔá3ţi*	أَعْطي
ínti	*ʔá3ţi*	أَعْطي
íntu	*ʔá3ţu*	أَعْطوا

	active participle	
masculine	*má3ţi*	مَعْطي
feminine	*má3ţiya*	مَعْطِية
plural	*ma3ţiyīn*	مَعْطِيين

أَعْطيْت الدَّوا لأُخْتك؟

Did you give the medicine to your sister?

عمّي بيحِبّ يَعْطي إبْنو الِصّْغير هَدايا.

My uncle loves giving gifts to his little son.

الشِّرْكة بْتعْطيش (ما بْتعْطي) مُكافآت لكُلّ الموَظّفين.

The company doesn't give bonuses to all employees.

أعْطي حْسينْ الِكْتاب.

Give the book to Hussein.

سْمِعِت إنّو المدْرسة معْطِياك جائِزة.

I heard that the school gave you an award.

4 — sound measure IV — to announce — أَعْلَن

	perfect		imperfect		bi-imperfect	
ána	ʔa3lánit	أَعْلَنِت	ʔá3lin	أَعْلِن	bá3lin	بَعْلِن
íḥna	ʔa3lánna	أَعْلَنّا	ní3lin	نِعْلِن	bní3lin	بْنِعْلِن
ínta	ʔa3lánit	أَعْلَنِت	tí3lin	تِعْلِن	btí3lin	بْتِعْلِن
ínti	ʔa3lánti	أَعْلَنْتي	tí3lini	تِعْلِني	btí3lini	بْتِعْلِني
íntu	ʔa3lántu	أَعْلَنْتوا	tí3linu	تِعْلِنوا	btí3linu	بْتِعْلِنوا
húwwa	ʔá3lan	أَعْلَن	yí3lin	يِعْلِن	bí3lin	بِيِعْلِن
híyya	ʔá3lanat	أَعْلَنَت	tí3lin	تِعْلِن	btí3lin	بْتِعْلِن
húmma	ʔá3lanu	أَعْلَنوا	yí3linu	يِعْلِنوا	bí3linu	بِيِعْلِنوا

	imperative			active participle	
ínta	i3lin	اِعْلِن	masculine	mí3lin	مِعْلِن
ínti	i3lini	اِعْلِني	feminine	mí3lina	مِعْلِنة
íntu	i3linu	اِعْلِنوا	plural	mí3linīn	مِعْلِنين

الرَّئيس أَعْلَن عن حالةِ طَوارِئ.
The president declared a state of emergency.

لازِم تِعْلِني خبر جَوازِك.
You should spread the word about your marriage.

الحُكومة بْتِعْلِنْش (ما بْتِعْلِن) إلّا أَخْبار صادمة.
The government only declares shocking news.

اِعْلِن إنَّك فتحِت محلّ.
Advertise that you opened a shop.

في شِرْكات مِعْلِنين إنّو بِدّهُم مُوَظَّفين.
Some companies announced that they need employees.

4 | Palestinian Arabic Verbs

5 *irregular measure I* **to eat** أَكَل

	perfect		imperfect		bi-imperfect	
ána	*ʔakálit*	أَكَلت	*ʔākul*	آكُل	*bākul*	باكُل
íħna	*ʔakálna*	أَكَلْنا	*nākul*	ناكُل	*bnākul*	بْناكُل
ínta	*ʔakálit*	أَكَلت	*tākul*	تاكُل	*btākul*	بْتاكُل
ínti	*ʔakálti*	أَكَلْتي	*tākli*	تاكْلي	*btākli*	بْتاكْلي
íntu	*ʔakáltu*	أَكَلْتوا	*tāklu*	تاكْلوا	*btāklu*	بْتاكْلوا
húwwa	*ʔákal*	أَكَل	*yākul*	ياكُل	*byākul*	بْياكُل
híyya	*ʔáklat*	أَكْلَت	*tākul*	تاكُل	*btākul*	بْتاكُل
húmma	*ʔákalu*	أَكَلوا	*yāklu*	ياكْلوا	*byāklu*	بْياكْلوا

	imperative	
ínta	*kul*	كُل
ínti	*kúli*	كُلي
íntu	*kúlu*	كُلوا

	active participle	
masculine	*mākil*	ماكِل
feminine	*mākla*	ماكْلَة
plural	*māklin*	ماكْلين

① The imperfect forms have a long vowel, unlike regular measure I verbs.
② The active participle begins with مـ *m-*, unlike regular measure I verbs.
③ أخد *ʔáxad* (**T-2**) is the twin of this irregular verb.
④ Less common variants of the imperfect: يوكُل and يوكِل.

ريم ما أَكَلتِش (ما أَكْلت) إشي مِن إمْبارِح.

Reem hasn't eaten anything since yesterday.

قُل لأُخْتك تاكُل أكِلْها.

Tell your sister to eat her food.

كُلوا! شو بْتِسْتَنّوا؟

Eat! What are you waiting for?

صْحابي قاعْدين بْياكْلوا.

My friends are eating.

شكْلك مِش ماكِل اليوْم.

You seem like you haven't eaten today.

6 *defective measure IV* **to cancel** أَلْغى

	perfect		imperfect		bi-imperfect	
ána	ʔalɣēt	أَلْغيْت	álɣi	أَلْغي	bálɣi	بَلْغي
íḥna	ʔalɣēna	أَلْغيْنا	nílɣi	نِلْغي	bnílɣi	بْنِلْغي
ínta	ʔalɣēt	أَلْغيْت	tílɣi	تِلْغي	btílɣi	بْتِلْغي
ínti	ʔalɣēti	أَلْغيْتي	tílɣi	تِلْغي	btílɣi	بْتِلْغي
íntu	ʔalɣētu	أَلْغيْتوا	tílɣu	تِلْغوا	btílɣu	بْتِلْغوا
húwwa	ʔálɣa	أَلْغى	yílɣi	يِلْغي	bílɣi	بيلْغي
híyya	ʔálɣat	أَلْغَت	tílɣi	تِلْغي	btílɣi	بْتِلْغي
húmma	ʔálɣu	أَلْغوا	yílɣu	يِلْغوا	bílɣu	بيلْغوا

	imperative	
ínta	ílɣi	اِلْغي
ínti	ílɣi	اِلْغي
íntu	ílɣu	اِلْغوا

	active participle	
masculine	lāɣi	لاغي
feminine	lāɣya	لاغْيَة
plural	lāɣyīn	لاغْيين

⚠ This verb also appears as a measure I verb لغى. The expected active participle form مُلْغي seems overly formal (borrowed from MSA) and is, in practice, replaced by the measure I active participle, as shown in this table.

أخوي ألْغى فِكْرِةْ فتح المحلّ مِن راسو.

My brother got the idea of opening a shop out of his head.

كم مرّة قُلْتِلِك تِلْغيش (ما تِلْغي) المكُالمة؟

How many times did I tell you to not cancel the call?

أنا لَوْ مكانك بلْغي حاجات كْتير مِن نِظامي.

If I were you, I would cancel a lot of things from my routine.

أنا لاغي القِصّة كُلّْها مِن زمان.

I forgot about the whole thing a while ago.

اِلْغي المَوْضوع وبِنْشوف شو بِدْنا نِعْمل بعْديْن.

Cancel it and we'll see what we're going to do later.

to order أَمَر

	perfect		imperfect		bi-imperfect	
ána	ʔamárit	أَمَرِت	áʔmur	أَؤْمُر	báʔmur	بَأْمُر
íħna	ʔamárna	أَمَرْنا	núʔmur	نُؤْمُر	bnúʔmur	بْنُؤْمُر
ínta	ʔamárit	أَمَرِت	túʔmur	تُؤْمُر	btúʔmur	بْتُؤْمُر
ínti	ʔamárti	أَمَرْتي	túʔmuri	تُؤْمُري	btúʔmuri	بْتُؤْمُري
íntu	ʔamártu	أَمَرْتوا	túʔmuru	تُؤْمُروا	btúʔmuru	بْتُؤْمُروا
húwwa	ʔámar	أَمَر	yúʔmur	يُؤْمُر	byúʔmur	بْيُؤْمُر
híyya	ʔámrat	أَمْرَت	túʔmur	تُؤْمُر	btúʔmur	بْتُؤْمُر
húmma	ʔámaru	أَمَروا	yúʔmuru	يُؤْمُروا	byúʔmuru	بْيُؤْمُروا

	imperative	
ínta	úʔmur	أُؤْمُر
ínti	úʔmuri	أُؤْمُري
íntu	úʔmuru	أُؤْمُروا

	active participle	
masculine	ʔāmir	آمِر
feminine	ʔāmra	آمْرَة
plural	ʔāmrīn	آمْرين

أنا بْحَياتي كُلْها ما أمرْتْهاش (ما أمرْتْها) تِعْمل إشي.

I haven't ordered her to do anything in my whole life.

بحِبِّش الشّخْص اللي بيضلّ يُؤْمُر النّاس.

I don't like a person who keeps demanding things from people.

عمّي حكى لإبْنو يْبطّل يُؤْمُر أخوه الِصْغير.

My uncle told his son to stop ordering his little brother around.

أُؤْمُريني! شو بِدّك؟

Command me! What do you want?

مِش هُمَّ آمْرينك تِعْمل هيْك؟

Didn't they order you to do that?

to humiliate أَهان

	perfect		imperfect		bi-imperfect	
ána	*ʔahánit*	أَهَنت	*ahīn*	أَهين	*bhīn*	بْهين
íḫna	*ʔahánna*	أَهَنّا	*nhīn*	نْهين	*binhīn*	بِنْهين
ínta	*ʔahánit*	أَهَنت	*thīn*	تْهين	*bithīn*	بِتْهين
ínti	*ʔahánti*	أَهَنْتي	*thīni*	تْهيني	*bithīni*	بِتْهيني
íntu	*ʔahántu*	أَهَنْتوا	*thīnu*	تْهينوا	*bithīnu*	بِتْهينوا
húwwa	*ʔahān*	أَهان	*yhīn*	يْهين	*bihīn*	بيهين
híyya	*ʔahānat*	أَهانَت	*thīn*	تْهين	*bithīn*	بِتْهين
húmma	*ʔahānu*	أَهانوا	*yhīnu*	يْهينوا	*bihīnu*	بيهينوا

	imperative	
ínta	*hīn*	هين
ínti	*hīni*	هيني
íntu	*hīnu*	هينوا

	active participle	
masculine	*muhīn*	مُهين
feminine	*muhīna*	مُهينَة
plural	*muhīnīn*	مُهينين

المُديرة أهانت المُوَظّف.

The boss treated the employee with disdain.

أنا بهينِش (ما بهين) حدّ حتّى لَوْ كان غلْطان.

I don't belittle anybody, even if they were wrong.

أنا كُنِت مَوْجود لمّا كان أبوه بيهينو.

I was there when his dad was scorning him.

هينو! بيستاهل كُلّ إشي بيصيرْلو.

Humiliate him! he deserves everything that's happening to him.

الشُّغُل هادا مُهين كْتير.

This job is so humiliating.

9 *sound measure VI* **to deal with** اِتْعامَل

	perfect		imperfect		bi-imperfect	
ána	*it3āmalit*	اِتْعامَلت	*at3āmal*	أَتْعامَل	*bat3āmal*	بَتْعامَل
íħna	*it3āmálna*	اِتْعامَلْنا	*nit3āmal*	نِتْعامَل	*bnit3āmal*	بْنِتْعامَل
ínta	*it3āmalit*	اِتْعامَلت	*tit3āmal*	تِتْعامَل	*btit3āmal*	بْتِتْعامَل
ínti	*it3āmálti*	اِتْعامَلْتي	*tit3āmali*	تِتْعامَلي	*btit3āmali*	بْتِتْعامَلي
íntu	*it3āmáltu*	اِتْعامَلْتوا	*tit3āmalu*	تِتْعامَلوا	*btit3āmalu*	بْتِتْعامَلوا
húwwa	*it3āmal*	اِتْعامَل	*yit3āmal*	يِتْعامَل	*bit3āmal*	بيتْعامَل
híyya	*it3āmalat*	اِتْعامَلَت	*tit3āmal*	تِتْعامَل	*btit3āmal*	بْتِتْعامَل
húmma	*it3āmalu*	اِتْعامَلوا	*yit3āmalu*	يِتْعامَلوا	*bit3āmalu*	بيتْعامَلوا

	imperative	
ínta	*it3āmal*	اِتْعامَل
ínti	*it3āmali*	اِتْعامَلي
íntu	*it3āmalu*	اِتْعامَلوا

	active participle	
masculine	*mit3āmil*	مِتْعامِل
feminine	*mit3āmla*	مِتْعامْلَة
plural	*mit3āmlīn*	مِتْعامْلين

إنْتي اتْعاملْتي معو قبِل هيْك؟

Have you dealt with him before?

آيَة بْتِعْرفِش تِتْعامل مع الأطْفال.

Ayah doesn't know how to deal with kids.

مُدير شِرْكِتْنا بيتْعاملِش (ما بيتْعامل) مْنيح مع مُوَظّفينو.

Our company's manager doesn't treat his employees well.

مِش إنْتَ أصرّيْت نْجيبو معْنا؟ يَلّا، اِتْعامل معو.

Didn't you insist that we bring him? Deal with him.

إخْواتي مِتْعامْلين مع هادا التّاجِر قبِل هيْك.

My brothers have dealt with this merchant before.

10 *sound measure V* to learn اِتْعَلَّم

	perfect		imperfect		bi-imperfect	
ána	*it3allámit*	اِتْعَلَّمت	*at3állam*	أَتْعَلَّم	*bat3állam*	بَتْعَلَّم
íḫna	*it3allámna*	اِتْعَلَّمْنا	*nit3állam*	نِتْعَلَّم	*bnit3állam*	بْنِتْعَلَّم
ínta	*it3allámit*	اِتْعَلَّمت	*tit3állam*	تِتْعَلَّم	*btit3állam*	بْتِتْعَلَّم
ínti	*it3allámti*	اِتْعَلَّمْتي	*tit3állami*	تِتْعَلَّمي	*btit3állami*	بْتِتْعَلَّمي
íntu	*it3allámtu*	اِتْعَلَّمْتوا	*tit3államu*	تِتْعَلَّموا	*btit3államu*	بْتِتْعَلَّموا
húwwa	*it3állam*	اِتْعَلَّم	*yit3állam*	يِتْعَلَّم	*bit3állam*	بيتْعَلَّم
híyya	*it3államat*	اِتْعَلَّمَت	*tit3állam*	تِتْعَلَّم	*btit3állam*	بْتِتْعَلَّم
húmma	*it3államu*	اِتْعَلَّموا	*yit3államu*	يِتْعَلَّموا	*bit3államu*	بيتْعَلَّموا

	imperative	
ínta	*it3állam*	اِتْعَلَّم
ínti	*it3állami*	اِتْعَلَّمي
íntu	*it3államu*	اِتْعَلَّموا

	active participle	
masculine	*mit3állim*	مِتْعَلِّم
feminine	*mit3állma*	مِتْعَلّْمَة
plural	*mit3allmīn*	مِتْعَلّْمين

نبيل كان يِشْتِغِل مع نجّار بسّ ما اتْعلّمِش (ما اتْعلّم) مِنّو إشي.

Nabil was working with a carpenter, but he didn't learn anything from him.

الِصّْغار لازِم يِتْعلّموا إنْجليزي بدْري.

Kids should learn English early.

إنْتي بْتِتْعلّميش (ما بْتِتْعلّمي) بْسُرْعة.

You don't learn fast.

اِتْعلّم مِنّو بدل ما إنْتَ بْتِتْفرّج بسّ.

Learn from him, instead of just watching.

إنْتو مِتْعلّْمين؟

Are you educated?

defective measure V

to have lunch

اِتْغَدّى

	perfect		imperfect		bi-imperfect	
ána	*ityaddēt*	اِتْغَدّيْت	*atyádda*	أَتْغَدّى	*batyádda*	بَتْغَدّى
íħna	*ityaddēna*	اِتْغَدّيْنا	*nityádda*	نِتْغَدّى	*bnityádda*	بْنِتْغَدّى
ínta	*ityaddēt*	اِتْغَدّيْت	*tityádda*	تِتْغَدّى	*btityádda*	بْتِتْغَدّى
ínti	*ityaddēti*	اِتْغَدّيْتي	*tityáddi*	تِتْغَدّي	*btityáddi*	بْتِتْغَدّي
íntu	*ityaddētu*	اِتْغَدّيْتوا	*tityáddu*	تِتْغَدّوا	*btityáddu*	بْتِتْغَدّوا
húwwa	*ityádda*	اِتْغَدّى	*yityádda*	يِتْغَدّى	*bityádda*	بيتْغَدّى
híyya	*ityáddat*	اِتْغَدَّت	*tityádda*	تِتْغَدّى	*btityádda*	بْتِتْغَدّى
húmma	*ityáddu*	اِتْغَدّوا	*yityáddu*	يِتْغَدّوا	*bityáddu*	بيتْغَدّوا

	imperative	
ínta	*ityádda*	اِتْغَدّى
ínti	*ityáddi*	اِتْغَدّي
íntu	*ityáddu*	اِتْغَدّوا

	active participle	
masculine	*mityáddi*	مِتْغَدّي
feminine	*mityáddya*	مِتْغَدّيَة
plural	*mityaddyīn*	مِتْغَدّيين

آية اتْغدّت وَلّا لِسّا؟

Did Ayah have lunch yet?

قُل لإخْواتك ييجوا يِتْغدّوا.

Tell your brothers to come have lunch.

أُخْتي بِالعادة بْتِتْغدّاش (ما بْتِتْغدّى) معْنا.

My sister usually doesn't have lunch with us.

اِتْغدّوا إنْتو، وبشوفْكو بعْديْن.

Have your lunch, and I'll see you later.

انا مِتْغدّيَة. مِش جاي عَ بالي آكُل.

I've had lunch. I don't feel like eating.

12 defective measure VI **to avoid** اِتْفادى

	perfect		imperfect		bi-imperfect	
ána	itfādēt	اِتْفاديْت	atfāda	أَتْفادى	batfāda	بَتْفادى
íḫna	itfādēna	اِتْفاديْنا	nitfāda	نِتْفادى	bnitfāda	بْنِتْفادى
ínta	itfādēt	اِتْفاديْت	titfāda	تِتْفادى	btitfāda	بْتِتْفادى
ínti	itfādēti	اِتْفاديْتي	titfādi	تِتْفادي	btitfādi	بْتِتْفادي
íntu	itfādētu	اِتْفاديْتوا	titfādu	تِتْفادوا	btitfādu	بْتِتْفادوا
húwwa	itfāda	اِتْفادى	yitfāda	يِتْفادى	bitfāda	بيِتْفادى
híyya	itfādat	اِتْفادَت	titfāda	تِتْفادى	btitfāda	بْتِتْفادى
húmma	itfādu	اِتْفادوا	yitfādu	يِتْفادوا	bitfādu	بيِتْفادوا

	imperative	
ínta	itfāda	اِتْفادى
ínti	itfādi	اِتْفادي
íntu	itfādu	اِتْفادوا

	active participle	
masculine	mitfādi	مِتْفادي
feminine	mitfādya	مِتْفادْيَة
plural	mitfādyīn	مِتْفادْيين

عبْدَ الله اتْفادى كُلّ المشاكِل وراح سكن لحالو.

Abdullah avoided all of the problems and went to live on his own.

إنْتَ بْتِعْرفِش تِتْفادى القِصص هادي.

You don't know how to avoid these matters.

سيرين بْتِتْفادى كُلّ مشاكِل الشُّغُل.

Serine avoids all of the work troubles.

اِتْفادوا أنَس وتِحْكوش معو.

Avoid Anas and don't talk to him.

أنا مِتْفادي كُلّ حكي السِّياسة.

I'm avoiding everything about politics.

to err اِتْلَخْبَط

	perfect		imperfect		bi-imperfect	
ána	itlaxbáṭit	اِتْلَخْبَطت	atláxbaṭ	أَتْلَخْبَط	batláxbaṭ	بَتْلَخْبَط
íḫna	itlaxbáṭna	اِتْلَخْبَطنا	nitláxbaṭ	نِتْلَخْبَط	bnitláxbaṭ	بْنِتْلَخْبَط
ínta	itlaxbáṭit	اِتْلَخْبَطت	titláxbaṭ	تِتْلَخْبَط	btitláxbaṭ	بْتِتْلَخْبَط
ínti	itlaxbáṭti	اِتْلَخْبَطتي	titláxbaṭi	تِتْلَخْبَطي	btitláxbaṭi	بْتِتْلَخْبَطي
íntu	itlaxbáṭtu	اِتْلَخْبَطتوا	titláxbaṭu	تِتْلَخْبَطوا	btitláxbaṭu	بْتِتْلَخْبَطوا
húwwa	itláxbaṭ	اِتْلَخْبَط	yitláxbaṭ	يِتْلَخْبَط	bitláxbaṭ	بيتْلَخْبَط
híyya	itláxbaṭat	اِتْلَخْبَطَت	titláxbaṭ	تِتْلَخْبَط	btitláxbaṭ	بْتِتْلَخْبَط
húmma	itláxbaṭu	اِتْلَخْبَطوا	yitláxbaṭu	يِتْلَخْبَطوا	bitláxbaṭu	بيتْلَخْبَطوا

	imperative	
ínta	itláxbaṭ	اِتْلَخْبَط
ínti	itláxbaṭi	اِتْلَخْبَطي
íntu	itláxbaṭu	اِتْلَخْبَطوا

	active participle	
masculine	mitláxbiṭ	مِتْلَخْبِط
feminine	mitláxbiṭa	مِتْلَخْبِطَة
plural	mitlaxbiṭīn	مِتْلَخْبِطين

سعيد اِتْلخْبط في عدّ المصاري.

Said made a mistake in counting the money.

تِتْلخْبطِش (ما تِتْلخبط) في كِلْمِةْ السِّرّ.

Do not make an error in the password.

الحكم هادا دايماً بيتْلخْبط في الكْروت.

This referee always makes mistakes with the cards.

جرِّب اِتْلخْبط وشوف شو حَيْصير.

Try making a mistake and see what will happen.

شِكْلِك مِتْلخبِطة في الرّقم.

You seem like you erred in the number.

14 *defective measure V* **to hope** اِتْمَنّى

	perfect		imperfect		bi-imperfect	
ána	*itmannēt*	اِتْمَنّيْت	*atmánna*	أَتْمَنّى	*batmánna*	بَتْمَنّى
íħna	*itmannēna*	اِتْمَنّيْنا	*nitmánna*	نِتْمَنّى	*bnitmánna*	بْنِتْمَنّى
ínta	*itmannēt*	اِتْمَنّيْت	*titmánna*	تِتْمَنّى	*btitmánna*	بْتِتْمَنّى
ínti	*itmannēti*	اِتْمَنّيْتي	*titmánni*	تِتْمَنّي	*btitmánni*	بْتِتْمَنّي
íntu	*itmannētu*	اِتْمَنّيْتوا	*titmánnu*	تِتْمَنّوا	*btitmánnu*	بْتِتْمَنّوا
húwwa	*itmánna*	اِتْمَنّى	*yitmánna*	يِتْمَنّى	*bitmánna*	بيتْمَنّى
híyya	*itmánnat*	اِتْمَنّت	*titmánna*	تِتْمَنّى	*btitmánna*	بْتِتْمَنّى
húmma	*itmánnu*	اِتْمَنّوا	*yitmánnu*	يِتْمَنّوا	*bitmánnu*	بيتْمَنّوا

	imperative	
ínta	*itmánna*	اِتْمَنّى
ínti	*itmánni*	اِتْمَنّي
íntu	*itmánnu*	اِتْمَنّوا

	active participle	
masculine	*mitmánni*	مِتْمَنّي
feminine	*mitmánnya*	مِتْمَنّْيَة
plural	*mitmannyīn*	مِتْمَنّْيين

كْتير اِتْمَنّيْت يْصير عِنْدي سيّارة.

I've always wished I had a car.

أخوي بيضلّ يِتْمَنّى حاجات غريبة.

My brother keeps hoping for strange things.

بسْمة بْتِتْمَنّاش (ما بْتِتْمَنّى) تْصير دُكْتوْرة.

Basma doesn't hope to become a doctor.

اِتْمَنّى الخيْر للنّاس، تْكونش أناني.

Wish people well; don't be selfish.

أنا مِتْمَنّيلْكو الخيْر.

I wish you well.

15 *sound measure VIII* **to celebrate** اِحْتَفَل

	perfect		imperfect		bi-imperfect	
ána	*iħtafálit*	اِحْتَفَلت	*áħtifil*	أَحْتِفِل	*bíħtifil*	بَحْتِفِل
íħna	*iħtafálna*	اِحْتَفَلْنا	*níħtifil*	نِحْتِفِل	*bníħtifil*	بْنِحْتِفِل
ínta	*iħtafálit*	اِحْتَفَلت	*tíħtifil*	تِحْتِفِل	*btíħtifil*	بْتِحْتِفِل
ínti	*iħtafálti*	اِحْتَفَلْتي	*tiħtífli*	تِحْتِفْلي	*btiħtífli*	بْتِحْتِفْلي
íntu	*iħtafáltu*	اِحْتَفَلْتوا	*tiħtíflu*	تِحْتِفْلوا	*btiħtíflu*	بْتِحْتِفْلوا
húwwa	*iħtáfal*	اِحْتَفَل	*yíħtifil*	يِحْتِفِل	*bíħtifil*	بيحْتِفِل
híyya	*iħtáflat*	اِحْتَفْلَت	*tíħtifil*	تِحْتِفِل	*btíħtifil*	بْتِحْتِفِل
húmma	*iħtáfalu*	اِحْتَفَلوا	*yiħtíflu*	يِحْتِفْلوا	*biħtíflu*	بيحْتِفْلوا

	imperative	
ínta	*íħtifil*	اِحْتِفِل
ínti	*iħtífli*	اِحْتِفْلي
íntu	*iħtíflu*	اِحْتِفْلوا

	active participle	
masculine	*míħtifil*	مِحْتِفِل
feminine	*miħtífla*	مِحْتِفْلَة
plural	*miħtiflīn*	مِحْتِفْلين

سمر اِحْتِفْلت بْفوْز فريقْها.

Samar celebrated her team's victory.

صْحابي بيحِبّوا يِحْتِفْلوا في راس السّنة.

My friends like celebrating New Year's.

اللّاعِب المُحْترِف بيحْتِفِلْش (ما بيحْتِفِل) إلّا لمّا تْخلّص المُباراة.

A pro player doesn't celebrate until the end of the match.

اِحْتِفْلي بْعيد ميلاد إبْنِك.

Celebrate your son's birthday

ليْش لِسّا مِش مِحْتِفْلين؟

Why aren't you celebrating yet?

16 *sound measure IX* **to become red** اِحْمَرّ

	perfect		imperfect		bi-imperfect	
ána	*iħmarrēt*	اِحْمَرّيْت	*aħmárr*	أَحْمَرّ	*baħmárr*	بَحْمَرّ
íħna	*iħmarrēna*	اِحْمَرّيْنا	*niħmárr*	نِحْمَرّ	*bniħmárr*	بْنِحْمَرّ
ínta	*iħmarrēt*	اِحْمَرّيْت	*tiħmárr*	تِحْمَرّ	*btiħmárr*	بْتِحْمَرّ
ínti	*iħmarrēti*	اِحْمَرّيْتي	*tiħmárri*	تِحْمَرّي	*btiħmárri*	بْتِحْمَرّي
íntu	*iħmarrētu*	اِحْمَرّيْتوا	*tiħmárru*	تِحْمَرّوا	*btiħmárru*	بْتِحْمَرّوا
húwwa	*iħmárr*	اِحْمَرّ	*yiħmárr*	يِحْمَرّ	*biħmárr*	بيحْمَرّ
híyya	*iħmárrat*	اِحْمَرَّت	*tiħmárr*	تِحْمَرّ	*btiħmárr*	بْتِحْمَرّ
húmma	*iħmárru*	اِحْمَرّوا	*yiħmárru*	يِحْمَرّوا	*biħmárru*	بيحْمَرّوا

	imperative	
ínta	*iħmárr*	اِحْمَرّ
ínti	*iħmárri*	اِحْمَرّي
íntu	*ħmárru*	اِحْمَرّوا

	active participle	
masculine	*miħmárr*	مِحْمَرّ
feminine	*miħmárra*	مِحْمَرَّة
plural	*miħmarrīn*	مِحْمَرّين

كريم حرق حاله من الشاي السخن واِحْمرّت ايدو.

Kareem burned himself from the hot tea, and his hand turned red.

أنا في الشّتا لازِم إيديا يحْمرّوا.

In the winter, my hands always turn red

أخوي بيحْمرِّش (ما بيحْمرّ) وِجْهو لإنّو بْيِخْجلِش.

My brother doesn't blush because he's not a shy person.

ولِك اِحْمرّي ولَوْ مرّة!

Come on, blush, at least once!

مال وِجْهك مِحْمرّ؟

Why is your face red?

to rest ارْتاح

	perfect		imperfect		bi-imperfect	
ána	irtáħit	ارْتَحِت	artāħ	أَرْتاح	bartāħ	بَرْتاح
íħna	irtáħna	ارْتَحْنا	nirtāħ	نِرْتاح	bnirtāħ	بْنِـرتاح
ínta	irtáħit	ارْتَحِت	tirtāħ	تِرْتاح	btirtāħ	بْتِـرتاح
ínti	irtáħti	ارْتَحْتي	tirtāħi	تِرْتاحي	btirtāħi	بْتِـرتاحي
íntu	irtáħtu	ارْتَحْتوا	tirtāħu	تِرْتاحوا	btirtāħu	بْتِـرتاحوا
húwwa	irtāħ	ارْتاح	yirtāħ	يِرْتاح	birtāħ	بيرتاح
híyya	irtāħat	ارْتاحَت	tirtāħ	تِرْتاح	btirtāħ	بْتِـرتاح
húmma	irtāħu	ارْتاحوا	yirtāħu	يِرْتاحوا	birtāħu	بيرتاحوا

	imperative	
ínta	irtāħ	ارْتاح
ínti	irtāħi	ارْتاحي
íntu	irtāħu	ارْتاحوا

	active participle	
masculine	mirtāħ	مِرْتاح
feminine	mirtāħa	مِرْتاحَة
plural	mirtāħīn	مِرْتاحين

إبِن عمّي ارْتاح بعْد العملية.

My cousin rested after the surgery.

أبوي بيحِبِّش يِرْتاح.

My father doesn't like relaxing.

أنا برْتاحِش (ما برْتاح) إلّا لمّا أخلّص كُلّ شُغْلي.

I don't rest until I finish all of my work.

ارْتاح يا زلمة، بيكفّي!

Take it easy, man. Enough!

إنْتي حاسّة حالِك مِرْتاحة؟

Are you feeling rested?

to use اِسْتَعْمَل

	perfect		imperfect		bi-imperfect	
ána	ista3málit	اِسْتَعْمَلت	astá3mil	أَسْتَعْمِل	bastá3mil	بَسْتَعْمِل
íħna	ista3málna	اِسْتَعْمَلْنا	nistá3mil	نِسْتَعْمِل	bnistá3mil	بْنِسْتَعْمِل
ínta	ista3málit	اِسْتَعْمَلت	tistá3mil	تِسْتَعْمِل	btistá3mil	بْتِسْتَعْمِل
ínti	ista3málti	اِسْتَعْمَلْتي	tistá3mili	تِسْتَعْمِلي	btistá3mili	بْتِسْتَعْمِلي
íntu	ista3máltu	اِسْتَعْمَلْتوا	tistá3milu	تِسْتَعْمِلوا	btistá3milu	بْتِسْتَعْمِلوا
húwwa	istá3mal	اِسْتَعْمَل	yistá3mil	يِسْتَعْمِل	bistá3mil	بيِسْتَعْمِل
híyya	istá3malat	اِسْتَعْمَلَت	tistá3mil	تِسْتَعْمِل	btistá3mil	بْتِسْتَعْمِل
húmma	istá3malu	اِسْتَعْمَلوا	yistá3milu	يِسْتَعْمِلوا	bistá3milu	بيِسْتَعْمِلوا

	imperative	
ínta	istá3mil	اِسْتَعْمِل
ínti	istá3mili	اِسْتَعْمِلي
íntu	istá3milu	اِسْتَعْمِلوا

	active participle	
masculine	mistá3mil	مِسْتَعْمِل
feminine	mistá3mila	مِسْتَعْمْلَة
plural	mista3milīn	مِسْتَعْمِلين

إِنْتَ اسْتَعْمَلْت الشّاكوش؟

Did you use the hammer?

صاحْبي بيحِبِّش يِسْتَعْمِل الجوّالات.

My friend doesn't like using phones.

رهف بْتِسْتَعْمِلِش (ما بْتِسْتَعْمِل) الكُمْبيوتر في الشُّغُل.

Rahaf doesn't use the computer at work.

اِسْتَعْمِل العِدّة هادي في الشُّغُل.

Use these tools for work.

إِنْتو مِسْتَعْمِلين هاد الوَرَق؟

Have you used this paper?

defective measure X

to do without

اِسْتَغْنى

	perfect		imperfect		bi-imperfect	
ána	*istaɣnēt*	اِسْتَغْنيْت	*astáɣni*	أَسْتَغْني	*bastáɣni*	بَسْتَغْني
íħna	*istaɣnēna*	اِسْتَغْنيْنا	*nistáɣni*	نِسْتَغْني	*bnistáɣni*	بْنِسْتَغْني
ínta	*istaɣnēt*	اِسْتَغْنيْت	*tistáɣni*	تِسْتَغْني	*btistáɣni*	بْتِسْتَغْني
ínti	*istaɣnēti*	اِسْتَغْنيْتي	*tistáɣni*	تِسْتَغْني	*btistáɣni*	بْتِسْتَغْني
íntu	*istaɣnētu*	اِسْتَغْنيْتوا	*tistáɣnu*	تِسْتَغْنوا	*btistáɣnu*	بْتِسْتَغْنوا
húwwa	*istáɣna*	اِسْتَغْنى	*yistáɣni*	يِسْتَغْني	*bistáɣni*	بيسْتَغْني
híyya	*istáɣnat*	اِسْتَغْنَت	*tistáɣni*	تِسْتَغْني	*btistáɣni*	بْتِسْتَغْني
húmma	*istáɣnu*	اِسْتَغْنوا	*yistáɣnu*	يِسْتَغْنوا	*bistáɣnu*	بيسْتَغْنوا

	imperative	
ínta	*istáɣni*	اِسْتَغْني
ínti	*istáɣni*	اِسْتَغْني
íntu	*istáɣnu*	اِسْتَغْنوا

	active participle	
masculine	*mistáɣni*	مِسْتَغْني
feminine	*mistáɣniya*	مِسْتَغْنية
plural	*mistáɣniyīn*	مِسْتَغْنيين

شوف كيْف اِسْتَغْنى عن صاحْبو.

Look how he got by without his friend.

أخوي بيقْدرِش يِسْتغْني عن جوّالو.

My brother can't manage without his phone.

أنا بسْتغْنيش (ما بسْتغْني) عن قرايبي.

I can't do without my relatives

اِسْتغْني عنْها زيّ ما عمْلت معك.

Manage without her, just like she did with you.

إنْتو مِسْتغْنيين عن هاد المُوَظّف؟

Are you managing without this employee?

20 *hollow measure X* **to benefit from** اِسْتَفاد

	perfect		imperfect		bi-imperfect	
ána	*istafádit*	اِسْتَفَدت	*astafīd*	أَسْتَفيد	*bastafīd*	بَسْتَفيد
íḫna	*istafádna*	اِسْتَفَدْنا	*nistafīd*	نِسْتَفيد	*bnistafīd*	بْنِسْتَفيد
ínta	*istafádit*	اِسْتَفَدت	*tistafīd*	تِسْتَفيد	*btistafīd*	بْتِسْتَفيد
ínti	*istafádti*	اِسْتَفَدْتي	*tistafīdi*	تِسْتَفيدي	*btistafīdi*	بْتِسْتَفيدي
íntu	*istafádtu*	اِسْتَفَدْتوا	*tistafīdu*	تِسْتَفيدوا	*btistafīdu*	بْتِسْتَفيدوا
húwwa	*istafād*	اِسْتَفاد	*yistafīd*	يِسْتَفيد	*bistafīd*	بيسْتَفيد
híyya	*istafādat*	اِسْتَفادَت	*tistafīd*	تِسْتَفيد	*btistafīd*	بْتِسْتَفيد
húmma	*istafādu*	اِسْتَفادوا	*yistafīdu*	يِسْتَفيدوا	*bistafīdu*	بيسْتَفيدوا

	imperative	
ínta	*istafīd*	اِسْتَفيد
ínti	*istafīdi*	اِسْتَفيدي
íntu	*istafīdu*	اِسْتَفيدوا

	active participle	
masculine	*mistafīd*	مِسْتَفيد
feminine	*mistafīda*	مِسْتَفيدة
plural	*mistafīdīn*	مِسْتَفيدين

رنا اسْتفادت كْتير مِن الدّرْس.

Rana benefited a lot from the lesson.

إنْتَ بِتْحِبِّش تِسْتفيد مِن غيرْك.

You don't like benefiting from others.

إيمان بْتِسْتفيدِش (ما بْتِسْتفيد) مِن صاحْباتْها إشي.

Eman doesn't get any benefit from her friends.

اِسْتفيدوا مِن أُسْتاذْكو.

Benefit from your teacher.

علي مِش مِسْتفيد مِن دْراسْتو.

Ali hasn't benefited from his studies.

21 *geminate measure X* **to provoke** اِسْتفزّ

	perfect		imperfect		bi-imperfect	
ána	*istafazzēt*	اِسْتَفَزّيْت	*astafízz*	أَسْتَفِزّ	*bastafízz*	بَسْتَفِزّ
íḫna	*istafazzēna*	اِسْتَفَزّيْنا	*nistafízz*	نِسْتَفِزّ	*bnistafízz*	بْنِسْتَفِزّ
ínta	*istafazzēt*	اِسْتَفَزّيْت	*tistafízz*	تِسْتَفِزّ	*btistafízz*	بْتِسْتَفِزّ
ínti	*istafazzēti*	اِسْتَفَزّيْتي	*tistafízzi*	تِسْتَفِزّي	*btistafízzi*	بْتِسْتَفِزّي
íntu	*istafazzētu*	اِسْتَفَزّيْتوا	*tistafízzu*	تِسْتَفِزّوا	*btistafízzu*	بْتِسْتَفِزّوا
húwwa	*istafázz*	اِسْتَفَزّ	*yistafízz*	يِسْتَفِزّ	*bistafízz*	بيِسْتَفِزّ
híyya	*istafázzat*	اِسْتَفَزّت	*tistafízz*	تِسْتَفِزّ	*btistafízz*	بْتِسْتَفِزّ
húmma	*istafázzu*	اِسْتَفَزّوا	*yistafízzu*	يِسْتَفِزّوا	*bistafízzu*	بيِسْتَفِزّوا

	imperative	
ínta	*istafízz*	اِسْتَفِزّ
ínti	*istafízzi*	اِسْتَفِزّي
íntu	*istafízzu*	اِسْتَفِزّوا

	active participle	
masculine	*mistafízz*	مِسْتَفِزّ
feminine	*mistafízza*	مِسْتَفِزّة
plural	*mistafízzīn*	مِسْتَفِزّين

هُوَّ اسْتفزّو، عشان هيْك عصّب.

He provoked him; that's why he got mad.

تِسْتفِزّْنيش (ما تِسْتفِزّْني) عشان نْضلّ صْحاب

Don't provoke me so that we can still be friends.

طلّع كيْف بيِسْتفِزّ فيه.

Look how he's provoking him.

اِسْتفِزّْها وشوف شو حَيْصير.

Provoke her and see what will happen.

إنْتَ دايْماً مِسْتفِزّ النّاس وْين ما تْروح.

You always provoke people wherever you go.

to enjoy اِسْتَمْتَع

	perfect		imperfect		bi-imperfect	
ána	istamtá3it	اِسْتَمْتَعت	astámti3	أَسْتَمْتِع	bastámti3	بَسْتَمْتِع
íḫna	istamtá3na	اِسْتَمْتَعْنا	nistámti3	نِسْتَمْتِع	bnistámti3	بْنِسْتَمْتِع
ínta	istamtá3it	اِسْتَمْتَعت	tistámti3	تِسْتَمْتِع	btistámti3	بْتِسْتَمْتِع
ínti	istamtá3ti	اِسْتَمْتَعْتي	tistámti3i	تِسْتَمْتِعي	btistámti3i	بْتِسْتَمْتِعي
íntu	istamtá3tu	اِسْتَمْتَعْتوا	tistámti3u	تِسْتَمْتِعوا	btistámti3u	بْتِسْتَمْتِعوا
húwwa	istámta3	اِسْتَمْتَع	yistámti3	يِسْتَمْتِع	bistámti3	بيسْتَمْتِع
híyya	istámta3at	اِسْتَمْتَعَت	tistámti3	تِسْتَمْتِع	btistámti3	بْتِسْتَمْتِع
húmma	istámta3u	اِسْتَمْتَعوا	yistámti3u	يِسْتَمْتِعوا	bistámti3u	بيسْتَمْتِعوا

	imperative	
ínta	istámti3	اِسْتَمْتِع
ínti	istámti3i	اِسْتَمْتِعي
íntu	istámti3u	اِسْتَمْتِعوا

	active participle	
masculine	mistámti3	مِسْتَمْتِع
feminine	mistámtia	مِسْتَمْتِعَة
plural	mistámti3īn	مِسْتَمْتِعين

حلا اسْتَمْتعت كْتير بِالرِّحْلة.

Hala enjoyed the trip a lot.

بِدّك اِيّاني أَسْتَمْتِع؟ سيبْني في حالي.

You want me to enjoy myself? Leave me alone.

إِخْواتي الِصّْغار بيسْتَمْتِعوش (ما بيسْتَمْتِعوا) لمّا نْروح عالبحر.

My little brothers don't enjoy it when we go to the beach.

اِسْتَمْتِعوا بِالجوّ وما عليْكو.

Enjoy the weather and never mind.

حاسّك مِش مِسْتَمْتِع بِالحفْلة.

I feel like you're not enjoying the party.

23 *irregular measure X* to wait اِسْتَنّى

	perfect		imperfect		bi-imperfect	
ána	istannēt	اِسْتَنّيْت	astánna	أَسْتَنّى	bastánna	بَسْتَنّى
íḫna	istannēna	اِسْتَنّينا	nistánna	نِسْتَنّى	bnistánna	بْنِسْتَنّى
ínta	istannēt	اِسْتَنّيْت	tistánna	تِسْتَنّى	btistánna	بْتِسْتَنّى
ínti	istannēti	اِسْتَنّيْتي	tistánni	تِسْتَنّي	btistánni	بْتِسْتَنّي
íntu	istannētu	اِسْتَنّيْتوا	tistánnu	تِسْتَنّوا	btistánnu	بْتِسْتَنّوا
húwwa	istánna	اِسْتَنّى	yistánna	يِسْتَنّى	bistánna	بيسْتَنّى
híyya	istánnat	اِسْتَنّت	tistánna	تِسْتَنّى	btistánna	بْتِسْتَنّى
húmma	istánnu	اِسْتَنّوا	yistánnu	يِسْتَنّوا	bistánnu	بيسْتَنّوا

	imperative	
ínta	istánna	اِسْتَنّى
ínti	istánni	اِسْتَنّي
íntu	istánnu	اِسْتَنّوا

	active participle	
masculine	mistánni	مِسْتَنّي
feminine	mistánnya	مِسْتَنّيَة
plural	mistánnīn	مِسْتَنّين

اِسْتنيْتْهُم كْتير بس هُمَّ طوّلوا.

I waited for them a lot, but they took a lot of time.

وينْك؟ الشّابّ مِش حَيِسْتَنّى كْتير.

Where are you? The guy isn't going to wait long.

ملك بْتِسْتنّاش (ما بْتِسْتَنّى) حدّ لمّا بِدْها تِطْلع.

Malak doesn't wait for anybody when she wants to go out.

اِسْتَنّوني، جاي معاكو.

Wait for me! I'm coming with you.

ليْش عطول روّحِت؟ مِش مِسْتَنّي شْوَيّة لحدّ ما آجي؟

Why did you leave immediately? Couldn't you wait until I come?

24 *defective measure VIII* **to buy** اِشْتَرى

	perfect		imperfect		bi-imperfect	
ána	ištarēt	اِشْتَرَيْت	aštíri	أَشْتَـري	baštíri	بَشْتَـري
íḩna	ištarēna	اِشْتَرَيْنا	ništíri	نِشْتَـري	bništíri	بْنِشْتَـري
ínta	ištarēt	اِشْتَرَيْت	tištíri	تِشْتَري	btištíri	بْتِشْتِـري
ínti	ištarēti	اِشْتَرَيْتي	tištíri	تِشْتَري	btištíri	بْتِشْتِـري
íntu	ištarētu	اِشْتَرَيْتوا	tištíru	تِشْتَروا	btištíru	بْتِشْتِـروا
húwwa	ištára	اِشْتَرى	yištíri	يِشْتَري	bištíri	بيشْتِـري
híyya	ištárat	اِشْتَرَت	tištíri	تِشْتَري	btištíri	بْتِشْتِـري
húmma	ištáru	اِشْتَروا	yištíru	يِشْتَروا	bištíru	بيشْتِـروا

	imperative	
ínta	ištíri	اِشْتَري
ínti	tištíri	اِشْتَري
íntu	ištíru	اِشْتَروا

	active participle	
masculine	mištíri	مِشْتِـري
feminine	mištírya	مِشْتِـرْيَة
plural	mištiryīn	مِشْتِـرْيين

⚠ The colloquial variant شرى (without ت) is used in the perfect tense only: شريْت = اِشْتَرَيْت

شو اشْتريْت مِن السّوبر مارْكِت؟

What did you buy from the supermarket?

صحّ هُوَّ معاه مصاري؟ ليْش ما يْروح يِشْتِـري؟

Doesn't he have money? Why doesn't he go buy something?

إحْنا بْنِشْتِـريش (ما بْنِشْتِـري) إلّا مِن محلّات معْروفة.

We only buy from well-known shops.

إنْتو مِشْتِـرْيين محلّ؟

Did you buy a shop?

روح اِشْتِـري لأخوك عصير.

Go buy juice for your brother.

25 to work اِشْتَغَل

	perfect		imperfect		bi-imperfect	
ána	ištaɣálit	اِشْتَغَلت	aštíɣil	أشْتِغِل	baštíɣil	بَشْتِغِل
íḫna	ištaɣálna	اِشْتَغَلْنا	ništíɣil	نِشْتِغِل	bništíɣil	بْنِشْتِغِل
ínta	ištaɣálit	اِشْتَغَلت	tištíɣil	تِشْتِغِل	btištíɣil	بْتِشْتِغِل
ínti	ištaɣálti	اِشْتَغَلْتي	tištíɣli	تِشْتِغْلي	btištíɣli	بْتِشْتِغْلي
íntu	ištaɣáltu	اِشْتَغَلْتوا	tištíɣlu	تِشْتِغْلوا	btištíɣlu	بْتِشْتِغْلوا
húwwa	ištáɣal	اِشْتَغَل	yištíɣil	يِشْتِغِل	bištíɣil	بيشْتِغِل
híyya	ištáɣlat	اِشْتَغْلَت	tištíɣil	تِشْتِغِل	btištíɣil	بْتِشْتِغِل
húmma	ištáɣalu	اِشْتَغَلوا	yištíɣlu	يِشْتِغْلوا	bištíɣlu	بيشْتِغْلوا

	imperative	
ínta	ištíɣil	اِشْتِغِل
ínti	ištíɣli	اِشْتِغْلي
íntu	ištíɣlu	اِشْتِغْلوا

	active participle	
masculine	mištíɣil	مِشْتِغِل
feminine	mištíɣla	مِشْتِغْلَة
plural	mištiɣlīn	مِشْتِغْلين

أنا اشْتغلِت سِتّ ساعات اليوْم.

I worked six hours today.

أُخْتي بِتْحِبّ تِشْتغِل في اللّيْل.

My sister likes working at night.

بيكفّي تُطْلُب، بشْتِغْلش (ما بشْتِغِل) عِنْدك.

Stop asking! I don't work for you.

اِشْتغِل أسْرع. وَرانا شُغُل كْتير.

Work faster! We have a lot of work to do.

بسّ هاد اللي مِشْتِغْلينو؟

Is this all you have done?

26 *sound measure VII* **to be happy** اِنْبَسَط

	perfect		imperfect		bi-imperfect	
ána	*inbasáṭit*	اِنْبَسَطْت	*anbísiṭ*	أَنْبِسِط	*banbísiṭ*	بَنْبِسِط
íħna	*inbasáṭna*	اِنْبَسَطْنا	*ninbísiṭ*	نِنْبِسِط	*bninbísiṭ*	بْنِنْبِسِط
ínta	*inbasáṭit*	اِنْبَسَطْت	*tinbísiṭ*	تِنْبِسِط	*btinbísiṭ*	بْتِنْبِسِط
ínti	*inbasáṭṭi*	اِنْبَسَطْتي	*tinbísṭi*	تِنْبِسْطي	*btinbísṭi*	بْتِنْبِسْطي
íntu	*inbasáṭṭu*	اِنْبَسَطْتوا	*tinbísṭu*	تِنْبِسْطوا	*btinbísṭu*	بْتِنْبِسْطوا
húwwa	*inbásaṭ*	اِنْبَسَط	*yinbísiṭ*	يِنْبِسِط	*binbísiṭ*	بِينْبِسِط
híyya	*inbásṭat*	اِنْبَسْطَت	*tinbísiṭ*	تِنْبِسِط	*btinbísiṭ*	بْتِنْبِسِط
húmma	*inbásaṭu*	اِنْبَسَطوا	*yinbísṭu*	يِنْبِسْطوا	*binbísṭu*	بِينْبِسْطوا

	imperative	
ínta	*inbísiṭ*	اِنْبِسِط
ínti	*inbísṭi*	اِنْبِسْطي
íntu	*inbísṭu*	اِنْبِسْطوا

	active participle	
masculine	*minbísiṭ*	مِنْبِسِط
feminine	*minbísṭa*	مِنْبِسْطَة
plural	*minbisṭīn*	مِنْبِسْطين

اِنْبسطْنا كْتير بسّ عِرِفْنا إنّو أخوي اتْخرّج.

We felt happy when we knew that my brother has graduated.

محْمود بيحِبّ يِنْبِسِط مع صْحابو.

Mahmood likes to have a good time with his friends.

أنا بنْبِسِط بسّ أروح عالنّادي.

I feel happy when I go to the gym.

اِنْبِسْطي بِالإجازة واِطْلعي قدّ ما بِدِّك.

Enjoy the vacation and go out as much as you want.

أحْلى إشي فيك إنّك دايماً مِنْبِسِط.

The coolest thing about you is that you're always happy.

to be injured انْصاب

	perfect		imperfect		bi-imperfect	
ána	inṣábit	انْصَبِت	anṣāb	أَنْصاب	banṣāb	بَنْصاب
íḫna	inṣábna	انْصَبْنا	ninṣāb	نِنْصاب	bninṣāb	بْنِنْصاب
ínta	inṣábit	انْصَبِت	tinṣāb	تِنْصاب	btinṣāb	بْتِنْصاب
ínti	inṣábti	انْصَبْتي	tinṣābi	تِنْصابي	btinṣābi	بْتِنْصابي
íntu	inṣábtu	انْصَبْتي	tinṣābu	تِنْصابوا	btinṣābu	بْتِنْصابوا
húwwa	inṣāb	انْصاب	yinṣāb	يِنْصاب	binṣāb	بينْصاب
híyya	inṣābat	انْصابَت	tinṣāb	تِنْصاب	btinṣāb	بْتِنْصاب
húmma	inṣābu	انْصابوا	yinṣābu	يِنْصابوا	binṣābu	بينْصابوا

	imperative	
ínta	inṣāb	انْصاب
ínti	inṣābi	انْصابي
íntu	inṣābu	انْصابوا

	active participle	
masculine	muṣāb	مُصاب
feminine	muṣāba	مُصابَة
plural	muṣābīn	مُصابين

يوسِف ما انْصابِش (ما انْصاب) في حادِث السّيّارة.

Yousif didn't get injured in the car accident.

مها كانت شْوَيّة ورح تِنْصاب مِن الألْعاب النّارية.

Maha nearly got injured by the fireworks.

كُلّ إسْبوع بينْصاب أقلّ إشي واحد في الملاعِب.

At least one person is injured every week on the playgrounds.

جرِّب انْصاب وشوف كيْف يِهْتمّوا فيك.

Try injuring yourself and see how they'll take care of you.

شُفْت النّاس المُصابين اللي في الشّارِع؟

Did you see the injured people in the street?

28 *geminate measure VII* **to join** اِنْضَمّ

	perfect		imperfect		bi-imperfect	
ána	*inḍammēt*	اِنْضَمّيْت	*anḍámm*	أَنْضَمّ	*binḍámm*	بَنْضَمّ
íḫna	*inḍammēna*	اِنْضَمّيْنا	*ninḍámm*	نِنْضَمّ	*bninḍámm*	بْنِنْضَمّ
ínta	*inḍammēt*	اِنْضَمّيْت	*tinḍámm*	تِنْضَمّ	*btinḍámm*	بْتِنْضَمّ
ínti	*inḍammēti*	اِنْضَمّيْتي	*tinḍámmi*	تِنْضَمّي	*btinḍámmi*	بْتِنْضَمّي
íntu	*inḍammētu*	اِنْضَمّيْتوا	*tinḍámmu*	تِنْضَمّوا	*btinḍámmu*	بْتِنْضَمّوا
húwwa	*inḍámm*	اِنْضَمّ	*yinḍámm*	يِنْضَمّ	*binḍámm*	بِينْضَمّ
híyya	*inḍámmat*	اِنْضَمَّت	*tinḍámm*	تِنْضَمّ	*btinḍámm*	بْتِنْضَمّ
húmma	*inḍámmu*	اِنْضَمّوا	*yinḍámmu*	يِنْضَمّوا	*binḍámmu*	بِينْضَمّوا

	imperative	
ínta	*inḍámm*	اِنْضَمّ
ínti	*inḍámmi*	اِنْضَمّي
íntu	*inḍámmu*	اِنْضَمّوا

	active participle	
masculine	*minḍámm*	مِنْضَمّ
feminine	*minḍámma*	مِنْضَمَّة
plural	*minḍammīn*	مِنْضَمّين

أنا انْضمّيْت لفريق المنْتْخب.

I joined the national team.

أهمّ إشي علي ما ينْضمِّش (ما يِنْضمّ) للّعْبة.

What's important is that Ali doesn't join the game.

هَيْهُم بينْضمّوا، اُصْبرُ شْوَيّة.

They are joining [us]. Wait a minute.

تعال اِنْضمّ لفريقْنا!

Come join our team!

إنْتو مِنْضمّين معْنا وَلّا أيْش؟

Are you joining us or what?

29 *defective measure VII* **to go blind** اِنْعمى

	perfect		imperfect		bi-imperfect	
ána	*in3amēt*	اِنْعَميْت	*an3ími*	أَنْعِمي	*ban3ími*	بَنْعِمي
íḫna	*in3amēna*	اِنْعَميْنا	*nin3ími*	نِنْعِمي	*bnin3ími*	بْنِنْعِمي
ínta	*in3amēt*	اِنْعَميْت	*tin3ími*	تِنْعِمي	*btin3ími*	بْتِنْعِمي
ínti	*in3amēti*	اِنْعَميْتي	*tin3ími*	تِنْعِمي	*btin3ími*	بْتِنْعِمي
íntu	*in3amētu*	اِنْعَميْتوا	*tin3ímu*	تِنْعِموا	*btin3ímu*	بْتِنْعِموا
húwwa	*in3áma*	اِنْعَمى	*yin3ími*	يِنْعِمي	*bin3ími*	بينْعِمي
híyya	*in3ámat*	اِنْعَمَت	*tin3ími*	تِنْعِمي	*btin3ími*	بْتِنْعِمي
húmma	*in3ámu*	اِنْعَموا	*yin3ímu*	يِنْعِموا	*bin3ímu*	بينْعِموا

	imperative	
ínta	*in3ími*	اِنْعِمي
ínti	*in3ími*	اِنْعِمي
íntu	*in3ímu*	اِنْعِموا

	active participle	
masculine	*má3mi*	مَعْمي
feminine	*ma3míyya*	مَعْمِيَّة
plural	*ma3miyīn*	مَعْمِيين

هادا الزّلمة كان يْشوف، بسّ فجْأة انْعمى.

This man used to be able to see, but he suddenly went blind.

إذا بِتْضلّك تِتْطلّع عالشّمِس، حتِنْعِمي.

You'll go blind if you keep looking at the sun.

صاحْبي بينْعِمي بسّ يْشوف الأكِل.

My friend "goes blind" when he sees food.

مالِك، معْمية؟ هِيَّ الصّحِن عالطّاوْلة.

What, are you blind? The dish is on the table!

30 *sound measure VII* **to be born** اِنْوَلَد

	perfect		imperfect		bi-imperfect	
ána	*inwaládit*	اِنْوَلَدِت	*anwílid*	أَنْوِلِد	*banwílid*	بَنْوِلِد
íḫna	*inwaládna*	اِنْوَلَدْنا	*ninwílid*	نِنْوِلِد	*bninwílid*	بْنِنْوِلِد
ínta	*inwaládit*	اِنْوَلَدِت	*tinwílid*	تِنْوِلِد	*btinwílid*	بْتِنْوِلِد
ínti	*inwaládti*	اِنْوَلَدْتي	*tinwíldi*	تِنْوِلْدي	*btinwíldi*	بْتِنْوِلْدي
íntu	*inwaládtu*	اِنْوَلَدْتوا	*tinwíldu*	تِنْوِلْدوا	*btinwíldu*	بْتِنْوِلْدوا
húwwa	*inwálad*	اِنْوَلَد	*yinwílid*	يِنْوِلِد	*binwílid*	بينْوِلِد
híyya	*inwáldat*	اِنْوَلْدَت	*tinwílid*	تِنْوِلِد	*btinwílid*	بْتِنْوِلِد
húmma	*inwáladu*	اِنْوَلَدوا	*yinwíldu*	يِنْوِلْدوا	*binwíldu*	بينْوِلْدوا

	imperative	
ínta	*inwílid*	اِنْوِلِد
ínti	*inwíldi*	اِنْوِلْدي
íntu	*inwíldu*	اِنْوِلْدوا

	active participle	
masculine	*mawlūd*	مَوْلود
feminine	*mawlūda*	مَوْلودَة
plural	*mawlūdīn*	مَوْلودين

⚠ Note that sometimes certain forms in the tables are theoretical and would never be used in real life, as is the case for the imperative of this verb.

في أيّ سنة اِنْوَلْدَت بِنْتِك؟

What year was your daughter born?

متى رح يِنْوِلِد إبْنِك؟

When will your son be born?

في ناس بِتْموت كُلّ يوْم، بسّ كمان في ناس بْتِنْوِلِد كُلّ يوْم.

People die every day, but people are also born every day.

إنْتَ ويْن مَوْلود؟

Where were you born?

هادا لِسّا مَوْلود جْديد.

This is just a newborn.

31 *sound measure VIII* to be interested اِهْتَمّ

	perfect		imperfect		bi-imperfect	
ána	*ihtammēt*	اِهْتَمّيْت	*ahtámm*	أَهْتَمّ	*bahtámm*	بَهْتَمّ
íḫna	*ihtammēna*	اِهْتَمّيْنا	*nihtámm*	نِهْتَمّ	*bnihtámm*	بْنِهْتَمّ
ínta	*ihtammēt*	اِهْتَمّيْت	*tihtámm*	تِهْتَمّ	*btihtámm*	بْتِهْتَمّ
ínti	*ihtammēti*	اِهْتَمّيْتي	*tihtámmi*	تِهْتَمّي	*btihtámmi*	بْتِهْتَمّي
íntu	*ihtammētu*	اِهْتَمّيْتوا	*tihtámmu*	تِهْتَمّوا	*btihtámmu*	بْتِهْتَمّوا
húwwa	*ihtámm*	اِهْتَمّ	*yihtámm*	يِهْتَمّ	*bihtámm*	بيهْتَمّ
híyya	*ihtámmat*	اِهْتَمَّت	*tihtámm*	تِهْتَمّ	*btihtámm*	بْتِهْتَمّ
húmma	*ihtámmu*	اِهْتَمّوا	*yihtámmu*	يِهْتَمّوا	*bihtámmu*	بيهْتَمّوا

	imperative	
ínta	*ihtamm*	اِهْتَمّ
ínti	*ihtámmi*	اِهْتَمّي
íntu	*ihtámmu*	اِهْتَمّوا

	active participle	
masculine	*mihtámm*	مِهْتَمّ
feminine	*mihtámma*	مِهْتَمّة
plural	*mihtammīn*	مِهْتَمّين

صاحْبي اهْتمّ بِدْراسْتو وبعْد التّخرُّج اِتْوَظّف.

My friend took an interest in his studies, and he got a job after graduation.

زمان كُنْت أهْتمّ بِالمِنح بسّ هلْقيْت بطلّت.

I used to be interested in scholarships, but now I've stopped.

بِنْت عمّي بْتِهْتمِّش (ما بْتِهْتمّ) بِوْلادْها كْتير.

My cousin doesn't take care of her children much.

اِهْتمّ بْحالك وسيبك مِن النّاس.

Mind your business and leave people alone.

مالْكو مِش مِهْتمّين بِالمَوْضوع بِالمرّة؟

Why aren't you at all interested in this?

to sell باع

	perfect		imperfect		bi-imperfect	
ána	bí3it	بِعِت	abī3	أَبيع	babī3	بَبيع
íḫna	bí3na	بِعْنا	nbī3	نْبيع	binbī3	بِنْبيع
ínta	bí3it	بِعِت	tbī3	تْبيع	bitbī3	بِتْبيع
ínti	bí3ti	بِعْتي	tbī3i	تْبيعي	bitbī3i	بِتْبيعي
íntu	bí3tu	بِعْتوا	tbī3u	تْبيعوا	bitbī3u	بِتْبيعوا
húwwa	bā3	باع	ybī3	يْبيع	bibī3	بيبيع
híyya	bā3at	باعَت	tbī3	تْبيع	bitbī3	بِتْبيع
húmma	bā3u	باعوا	ybī3u	يْبيعوا	bibī3u	بيبيعوا

	imperative	
ínta	bī3	بيع
ínti	bī3i	بيعي
íntu	bī3u	بيعوا

	active participle	
masculine	bāyi3	بايِع
feminine	bāy3a	بايْعَة
plural	bāy3īn	بايْعين

جارْنا ما باعِش (ما باع) بيْتو، أجّرو أجار.

Our neighbor didn't sell his house; he rented it out.

حنين بِدْها تْبيع حُصِّتْها مِن المحلّ.

Haneen wants to sell her share of the shop.

شو بيبيع هداك الزّلمة؟

What is that man selling?

بيعو، إلو ساعة واقِف عِنْدك.

Sell to him. He's been standing here for a long time.

إنْتَ بايِع الوَلد هادي الشّوكولاتة؟

Did you sell the boy this chocolate?

to begin بَدا

	perfect		imperfect		bi-imperfect	
ána	badēt	بَديْت	ábda	أبْدا	bábda	بَبْدا
íḥna	badēna	بَدَيْنا	níbda	نِبْدا	bníbda	بْنِبْدا
ínta	badēt	بَديْت	tíbda	تِبْدا	btíbda	بْتِبْدا
ínti	badēti	بَديْتي	tíbdi	تِبْدي	btíbdi	بْتِبْدي
íntu	badētu	بَديْتوا	tíbdu	تِبْدوا	btíbdu	بْتِبْدوا
húwwa	báda	بَدا	yíbda	يِبْدا	bíbda	بيبْدا
híyya	bádat	بَدَت	tíbda	تِبْدا	btíbda	بْتِبْدا
húmma	bádu	بَدوا	yíbdu	يِبْدوا	bíbdu	بيبْدوا

	imperative	
ínta	ibdā	اِبْدا
ínti	ibdī	اِبْدي
íntu	ibdū	اِبْدوا

	active participle	
masculine	bādi	بادي
feminine	bādya	بادْيَة
plural	bādyīn	بادْيين

بديْتي اِمْتِحانات وَلّا لِسّا؟

Have you begun your exams yet?

متى بِدْكو تِبْدوا التّمْرين؟

When are you going to begin the workout?

أنا ببْداش (ما ببْدا) شُغْلي إلّا لمّا أفْطر.

I don't start work until I have my breakfast.

يَلّا، اِبْدا لِعِب وسيبك مِنْهُم.

Come on, start playing and leave them alone.

ليْش لهلْقيْت مِش بادي؟

Why haven't you started yet?

34 *sound measure XI* **to translate** تَرْجَم

	perfect		imperfect		bi-imperfect	
ána	*tarjámit*	تَرْجَمت	*atárjim*	أَتَرْجِم	*batárjim*	بَتَرْجِم
íħna	*tarjámna*	تَرْجَمْنا	*ntárjim*	نْتَرْجِم	*bintárjim*	بِنْتَرْجِم
ínta	*tarjámit*	تَرْجَمت	*ttárjim*	تْتَرْجِم	*bittárjim*	بِتْتَرْجِم
ínti	*tarjámti*	تَرْجَمْتي	*ttárjimi*	تْتَرْجْمي	*bittárjimi*	بِتْتَرْجْمي
íntu	*tarjámtu*	تَرْجَمْتوا	*ttárjimu*	تْتَرْجْموا	*bittárjimu*	بِتْتَرْجْموا
húwwa	*tárjam*	تَرْجَم	*ytárjim*	يْتَرْجِم	*bitárjim*	بيتَرْجِم
híyya	*tárjamat*	تَرْجَمَت	*ttárjim*	تْتَرْجِم	*bittárjim*	بِتْتَرْجِم
húmma	*tárjamu*	تَرْجَموا	*ytárjimu*	يْتَرْجْموا	*bitárjimu*	بيتَرْجْموا

	imperative	
ínta	*tárjim*	تَرْجِم
ínti	*tárjimi*	تَرْجْمي
íntu	*tárjimi*	تَرْجْموا

	active participle	
masculine	*mtárjim*	مْتَرْجِم
feminine	*mtárjima*	مْتَرْجْمة
plural	*mtarjimīn*	مْتَرْجْمين

⚠ The last example sentence below uses a passive participle. Notice how it differs from the active participle.

ريهام تَرْجمت القِصّة كُلْها لحالْها.

Reham translated the whole story on her own.

وفاء بِتْحِبّ تْتَرْجِم لصحْباتْها.

Wafa'a likes translating for her friends.

أنا شايِف إنّو صْحابك بيترْجِموش (ما بيترْجِموا).

I see that your friends are not translating.

إنْتَ مْترْجِم هادي الفقرة؟

Did you translate this paragraph?

الفيلم هاد مْترجَم عربي؟

Has this movie been translated into Arabic?

35 *hollow measure I* **to bring** جاب

	perfect		imperfect		bi-imperfect	
ána	*jíbit*	جِبِت	*ajīb*	أَجيب	*bjīb*	بْجيب
íḫna	*jíbna*	جِبْنا	*njīb*	نْجيب	*binjīb*	بِنْجيب
ínta	*jíbit*	جِبِت	*tjīb*	تْجيب	*bitjīb*	بِتْجيب
ínti	*jíbti*	جِبْتي	*tjībi*	تْجيبي	*bitjībi*	بِتْجيبي
íntu	*jíbtu*	جِبْتوا	*tjību*	تْجيبوا	*bitjību*	بِتْجيبوا
húwwa	*jāb*	جاب	*yjīb*	يْجيب	*bijīb*	بيجيب
híyya	*jābat*	جابَت	*tjīb*	تْجيب	*bitjīb*	بِتْجيب
húmma	*jābu*	جابوا	*yjību*	يْجيبوا	*bijību*	بيجيبوا

	imperative	
ínta	*jīb*	جيب
ínti	*jībi*	جيبي
íntu	*jību*	جيبوا

	active participle	
masculine	*jāyib*	جايِب
feminine	*jāyba*	جايْبَة
plural	*jāybīn*	جايْبين

⚠ Listen carefully to the audio for the (bi-)imperfect forms to hear how *t* assimilates to *d* before *j*, a voiced consonant *j: tj* → *dj,* which results in a something like an English j .

سامي جاب الأكِل وهيّو جاي.

Sami brought the food, and here he comes.

قُلْتي لبسْمة ما تْجيبِش (ما تْجيب) أخوها معْها؟

Did you tell Basma not to bring her brother with her?

خلص اِرْتاح، هُمَّ بيجيبوا كُلّ إشي.

Relax. They'll bring everything.

جيب معك كاسِةْ شاي.

Bring a cup of tea with you.

إنْتي جايْبة هادي الهدية؟

Did you bring this gift?

to try حاوَل

	perfect		imperfect		bi-imperfect	
ána	ɧāwálit	حاوَلت	aɧāwil	أَحاوِل	baɧāwil	بَحاوِل
íɧna	ɧāwálna	حاوَلْنا	nɧāwil	نْحاوِل	binɧāwil	بِنْحاوِل
ínta	ɧāwálit	حاوَلت	tɧāwil	تْحاوِل	bitɧāwil	بِتْحاوِل
ínti	ɧāwálti	حاوَلْتي	tɧāwli	تْحاوْلي	bitɧāwli	بِتْحاوْلي
íntu	ɧāwáltu	حاوَلْتوا	tɧāwlu	تْحاوْلوا	bitɧāwlu	بِتْحاوْلوا
húwwa	ɧāwal	حاوَل	yɧāwil	يْحاوِل	biɧāwil	بيحاوِل
híyya	ɧāwalat	حاوَلَت	tɧāwil	تْحاوِل	bitɧāwil	بِتْحاوِل
húmma	ɧāwalu	حاوَلوا	yɧāwlu	يْحاوْلوا	biɧāwlu	بيحاوْلوا

	imperative	
ínta	ɧāwil	حاوِل
ínti	ɧāwli	حاوْلي
íntu	ɧāwlu	حاوْلوا

	active participle	
masculine	mɧāwil	مْحاوِل
feminine	mɧāwla	مْحاوْلَة
plural	mɧāwlīn	مْحاوْلين

يوسِف حاوَل كْتير بسّ هُوَّ مِش محْظوظ.

Yousif tried a lot, but he's not lucky.

قِلّو تْحاوْلِش (ما تحاول)، هُوَّ أقْوَى مِنّك.

Tell him not to try; he's stronger than you.

هَيْهُم بيحاوْلوا يْحِلّوا المُشْكِلة.

They are trying to solve the problem.

ضلّك حاوِل وإلّا ما تُزْبُط بِالآخِر.

Keep trying, and it will happen eventually.

إنْتي مْحاوْلة تِفْتحي العِلْبة هادي؟

Have you tried to open this can?

to like حَبّ

	perfect		imperfect		bi-imperfect	
ána	*ɧabbēt*	حَبّيْت	*aɧíbb*	أَحِبّ	*baɧibb*	بَحِبّ
íɧna	*ɧabbēna*	حَبّيْنا	*nɧibb*	نْحِبّ	*binɧíbb*	بِنْحِبّ
ínta	*ɧabbēt*	حَبّيْت	*tɧibb*	تْحِبّ	*bitɧíbb*	بِتْحِبّ
ínti	*ɧabbēti*	حَبّيْتي	*tɧíbbi*	تْحِبّي	*bitɧíbbi*	بِتْحِبّي
íntu	*ɧabbētu*	حَبّيْتوا	*tɧíbbu*	تْحِبّوا	*bitɧíbbu*	بِتْحِبّوا
húwwa	*ɧabb*	حَبّ	*yɧibb*	يْحِبّ	*biɧíbb*	بيحِبّ
híyya	*ɧábbat*	حَبَّت	*tɧibb*	تْحِبّ	*bitɧíbb*	بِتْحِبّ
húmma	*ɧábbu*	حَبّوا	*yɧíbbu*	يْحِبّوا	*biɧíbbu*	بيحِبّوا

	imperative	
ínta	*ɧibb*	حِبّ
ínti	*ɧíbbi*	حِبّي
íntu	*ɧíbbu*	حِبّوا

	active participle	
masculine	*ɧābib*	حابِب
feminine	*ɧābba*	حابَّة
plural	*ɧābbīn*	حابّين

هُمَّ حبّوا يِعْزِموكو على الغدا.

They would like to invite you to lunch.

إنْتي لَوْ تْبطّْلي تْحِبّي التّصْوير بيكون أحْسن.

If you stopped loving photography, it would be better.

هاد الوَلد بيحِبِّش (ما بيحِبّ) اللّحْمة.

This boy doesn't like meat.

حِبّْها، ورح تِبْسِطك عالآخِر.

Love her, and she will make you so happy.

شكْلك مِش حابِب العصير؟

You don't seem to be enjoying the juice...?

to move حَرَّك

	perfect		imperfect		bi-imperfect	
ána	ɧarrákit	حَرَّكِت	aɧárrik	أَحَرِّك	baɧárrik	بَحَرِّك
íɧna	ɧarrákna	حَرَّكْنا	nɧárrik	نْحَرِّك	binɧárrik	بِنْحَرِّك
ínta	ɧarrákit	حَرَّكِت	tɧárrik	تْحَرِّك	bitɧárrik	بِتْحَرِّك
ínti	ɧarrákti	حَرَّكْتي	tɧárrki	تْحَرّْكي	bitɧárrki	بِتْحَرّْكي
íntu	ɧarráktu	حَرَّكْتوا	tɧárrku	تْحَرّْكوا	bitɧárrku	بِتْحَرّْكوا
húwwa	ɧárrak	حَرَّك	yɧárrik	يْحَرِّك	biɧárrik	بيحَرِّك
híyya	ɧárrakat	حَرَّكَت	tɧárrik	تْحَرِّك	bitɧárrik	بِتْحَرِّك
húmma	ɧárraku	حَرَّكوا	yɧárrku	يْحَرّْكوا	biɧárrku	بيحَرّْكوا

	imperative	
ínta	ɧárrik	حَرِّك
ínti	ɧárrki	حَرّْكي
íntu	ɧárrku	حَرّْكوا

	active participle	
masculine	mɧárrik	مْحَرِّك
feminine	mɧárrka	مْحَرّْكَة
plural	mɧárrkīn	مْحَرّْكين

مين حرّك الطّاوْلة؟

Who moved the table?

قُل لأحْمد ما يْحرّْكِش (ما يْحرّك) التِّلْفِزْيوْن.

Tell Ahmed to not move the television.

سامِع صوْت حدّ بيحرِّك كُرْسي.

I hear the sound of someone moving a chair.

حرّْكي الأكِل وإنْتي بِتْسخّْنيه.

Stir the food while you're heating it up.

مين مْحرِّك جَوّالي مِن مكانو؟

Who's moved my phone from where it was?

39 *geminate measure I* **to feel** حَسّ

	perfect		imperfect		bi-imperfect	
ána	*ɧassēt*	حَسّيْت	*aɧíss*	أَحِسّ	*baɧíss*	بَحِسّ
íɧna	*ɧassēna*	حَسّينا	*nɧiss*	نْحِسّ	*binɧíss*	بِنْحِسّ
ínta	*ɧassēt*	حَسّيْت	*tɧiss*	تْحِسّ	*bitɧíss*	بِتْحِسّ
ínti	*ɧassēti*	حَسّيْتي	*tɧíssi*	تْحِسّي	*bitɧíssi*	بِتْحِسّي
íntu	*ɧassētu*	حَسّيْتوا	*tɧíssu*	تْحِسّوا	*bitɧíssu*	بِتْحِسّوا
húwwa	*ɧass*	حَسّ	*yɧiss*	يْحِسّ	*biɧíss*	بيحِسّ
híyya	*ɧássat*	حَسَّت	*tɧiss*	تْحِسّ	*bitɧíss*	بِتْحِسّ
húmma	*ɧássu*	حَسّوا	*yɧíssu*	يْحِسّوا	*biɧíssu*	بيحِسّوا

	imperative	
ínta	*ɧiss*	حِسّ
ínti	*ɧíssi*	حِسّي
íntu	*ɧíssu*	حِسّوا

	active participle	
masculine	*ɧāsis*	حاسِس
feminine	*ɧāssa*	حاسَّة
plural	*ɧāssīn*	حاسّين

سِراج حسّ إنّو مْحمّد بيتْمسْخر عليْه.

Siraj felt that Muhammed was making fun of him.

قُل لأُخْتك تْحِسّ الميّة سُخْنة وَلّا لأ.

Tell your sister to feel if the water is hot or not.

حِسّ في النّاس اللي بيموتوا كُلّ يوْم.

Feel for people that die every day.

إنْتو بِتْحِسّوش (ما بِتْحِسّوا) في غيرْكو.

You don't feel for others.

هِبة حسّت بِالفخِر بعِد ما تْخرّجت.

Heba felt proud after she graduated.

حاسِس إنّو صايِر معك إشي.

I feel that something has happened to you.

to watch حِضِر

	perfect		imperfect		bi-imperfect	
ána	*ɧdírit*	حْضِرت	*áɧdar*	أَحْضَر	*báɧdar*	بَحْضَر
íɧna	*ɧdírna*	حْضِرْنا	*níɧdar*	نِحْضَر	*bníɧdar*	بْنِحْضَر
ínta	*ɧdírit*	حْضِرت	*tíɧdar*	تِحْضَر	*btíɧdar*	بْتِحْضَر
ínti	*ɧdírti*	حْضِرْتي	*tíɧdari*	تِحْضَري	*btíɧdari*	بْتِحْضَري
íntu	*ɧdírtu*	حْضِرْتوا	*tíɧdaru*	تِحْضَروا	*btíɧdaru*	بْتِحْضَروا
húwwa	*ɧídir*	حِضِر	*yíɧdar*	يِحْضَر	*bíɧdar*	بيحْضَر
híyya	*ɧídrat*	حِضْرَت	*tíɧdar*	تِحْضَر	*btíɧdar*	بْتِحْضَر
húmma	*ɧídru*	حِضْروا	*yíɧdaru*	يِحْضَروا	*bíɧdaru*	بيحْضَروا

	imperative	
ínta	*íɧdar*	اِحْضَر
ínti	*íɧdari*	اِحْضَري
íntu	*íɧdaru*	اِحْضَروا

	active participle	
masculine	*ɧādir*	حاضِر
feminine	*ɧādra*	حاضْرَة
plural	*ɧādrīn*	حاضْرين

سامي ما حِضْرِش (ما حِضِر) الأخْبار اليوْم.

Sami hasn't watched the news today.

بِدّي أحْضر الاِجْتِماع اليوْم.

I want to attend the meeting today.

أخوك بيحْضرش (ما بيحْضر) كُلّ المُحاضرات.

Your brother doesn't attend all the lectures.

اِحْضري الحلقة واِحْكيلي شو بيصير.

Watch the episode and tell me what happens.

شكِلْكو حاضْرين المُسلْسل؟

It seems you've watched the series?

41 — geminate measure I — to put — حَطّ

	perfect		imperfect		bi-imperfect	
ána	ḥaṭṭēt	حَطّيْت	aḥuṭṭ	أَحُطّ	baḥuṭṭ	بَحُطّ
íḥna	ḥaṭṭēna	حَطّيْنا	nḥuṭṭ	نْحُطّ	binḥuṭṭ	بِنْحُطّ
ínta	ḥaṭṭēt	حَطّيْت	tḥuṭṭ	تْحُطّ	bitḥuṭṭ	بِتْحُطّ
ínti	ḥaṭṭēti	حَطّيْتي	tḥúṭṭi	تْحُطّي	bitḥúṭṭi	بِتْحُطّي
íntu	ḥaṭṭētu	حَطّيْتوا	tḥúṭṭu	تْحُطّوا	bitḥúṭṭu	بِتْحُطّوا
húwwa	ḥaṭṭ	حَطّ	yḥuṭṭ	يْحُطّ	biḥuṭṭ	بيْحُطّ
híyya	ḥáṭṭat	حَطّت	tḥuṭṭ	تْحُطّ	bitḥuṭṭ	بِتْحُطّ
húmma	ḥáṭṭu	حَطّوا	yḥúṭṭu	يْحُطّوا	biḥúṭṭu	بيْحُطّوا

	imperative			active participle	
ínta	ḥuṭṭ	حُطّ	masculine	ḥāṭiṭ	حاطِط
ínti	ḥúṭṭi	حُطّي	feminine	ḥāṭṭa	حاطّة
íntu	ḥúṭṭu	حُطّوا	plural	ḥāṭṭīn	حاطّين

أمل حطّت أواعيها في الخزانة.
Amal put her clothes in the closet.

قُل لصْحابك ما يْحُطّوش (ما يْحطّوا) رمِل عالدّرج.
Tell your friends not to put the sand on the stairs.

أنا لمّا بِدّي أنام بحُطّ على موسيقى هادْيَة.
I put on some calm music whenever I want to sleep.

حُطّ الكُبّايَة عالطّاوْلة.
Set the cup on the table.

إنْتَ حاطِط كْريْم على شعْرك؟
Did you put a cream on your hair?

42 *defective measure I* **to speak** حَكى

	perfect		imperfect		bi-imperfect	
ána	*ɦakēt*	حَكَيْت	*áɦki*	أَحْكي	*báɦki*	بَحْكي
íɦna	*ɦakēna*	حَكَيْنا	*níɦki*	نِحْكي	*bníɦki*	بْنِحكي
ínta	*ɦakēt*	حَكَيْت	*tíɦki*	تِحْكي	*btíɦki*	بْتِحكي
ínti	*ɦakēti*	حَكَيْتي	*tíɦki*	تِحْكي	*btíɦki*	بْتِحكي
íntu	*ɦakētu*	حَكَيْتوا	*tíɦku*	تِحْكوا	*btíɦku*	بْتِحكوا
húwwa	*ɦáka*	حَكى	*yíɦki*	يِحْكي	*bíɦki*	بيحكي
híyya	*ɦákat*	حَكَت	*tíɦki*	تِحْكي	*btíɦki*	بْتِحكي
húmma	*ɦáku*	حَكوا	*yíɦku*	يِحْكوا	*bíɦku*	بيحكوا

	imperative	
ínta	*íɦki*	اِحْكي
ínti	*íɦki*	اِحْكي
íntu	*íɦku*	اِحْكوا

	active participle	
masculine	*ɦāki*	حاكي
feminine	*ɦākya*	حاكْيَة
plural	*ɦākyīn*	حاكْيين

رنا طول الوَقِت محكتِش (ما حكت) وَلا كِلْمة.

Rana hasn't spoken the entire time.

علي بيضلّ يِحْكي عالنّاس مِن وَراهُم.

Ali keeps talking about people behind their backs.

مِش شايْفو بيحْكي؟ اِسْمع!

Don't you see him talking? Listen!

اِحْكيلو يْروح يِشْتِري الغْراض.

Tell him to go buy the stuff.

إنْتَ حاكي لصْحابك عنّي؟

Have you told your friends about me?

43 *sound measure II* **to finish** خَلَّص

	perfect		imperfect		bi-imperfect	
ána	*xalláṣit*	خَلَّصت	*axálliṣ*	خَلِّص	*baxálliṣ*	بَخَلِّص
íḫna	*xalláṣna*	خَلَّصْنا	*nxálliṣ*	نْخَلِّص	*binxálliṣ*	بِنْخَلِّص
ínta	*xalláṣit*	خَلَّصت	*txálliṣ*	تْخَلِّص	*bitxálliṣ*	بِتْخَلِّص
ínti	*xalláṣti*	خَلَّصْتي	*txállṣi*	تْخَلّْصي	*bitxállṣi*	بِتْخَلّْصي
íntu	*xalláṣtu*	خَلَّصْتوا	*txállṣu*	تْخَلّْصوا	*bitxállṣu*	بِتْخَلّْصوا
húwwa	*xállaṣ*	خَلَّص	*yxálliṣ*	يْخَلِّص	*bixálliṣ*	بيخَلِّص
híyya	*xállaṣat*	خَلَّصَت	*txálliṣ*	تْخَلِّص	*bitxálliṣ*	بِتْخَلِّص
húmma	*xállaṣu*	خَلَّصوا	*yxállṣu*	يْخَلّْصوا	*bixállṣu*	بيخَلّْصوا

	imperative	
ínta	*xálliṣ*	خلِّص
ínti	*xállṣi*	خَلّْصي
íntu	*xállṣu*	خَلّْصوا

	active participle	
masculine	*mxálliṣ*	مْخَلِّص
feminine	*mxállṣa*	مْخَلّْصَة
plural	*mxallṣīn*	مْخَلّْصين

⚠ Notice that this verb is used both transitively (with an object) and intransitively (without an object), as in the last example below.

خلّصِت حلّ واجْبك؟

Did you finish doing your homework?

قُلّْهم يْخصلّْوا بْسُرْعة، مِش ضايل وَقِت.

Tell them to finish fast. We're running out of time.

خلِّص يا زلمة، ليْش إنْتَ بطيء؟

Finish it, man. Why are you slow?

أنا بخلّْصِش (ما بخلِّص) شُغْلي بدْري.

I don't finish my work early.

الحِصّة اليوْم خلّصت مِتْأخِّر.

The class finished late today.

مِن وَقْتيْش مْخلّْصة إنْتي؟

When did you finish?

44 *defective measure II* **to let** خَلّى

	perfect		imperfect		bi-imperfect	
ána	*xallēt*	خَلّيْت	*axálli*	أَخَلّي	*baxálli*	بخَلّي
íђna	*xallēna*	خَلّيْنا	*nxálli*	نْخَلّي	*binxálli*	بِنْخَلّي
ínta	*xallēt*	خَلّيْت	*txálli*	تْخَلّي	*bitxálli*	بِتْخَلّي
ínti	*xallēti*	خَلّيْتي	*txálli*	تْخَلّي	*bitxálli*	بِتْخَلّي
íntu	*xallētu*	خَلّيْتوا	*txállu*	تْخَلّوا	*bitxállu*	بِتْخَلّوا
húwwa	*xálla*	خَلّى	*yxálli*	يْخَلّي	*bixálli*	بيخَلّي
híyya	*xállat*	خَلَّت	*txálli*	تْخَلّي	*bitxálli*	بِتْخَلّي
húmma	*xállu*	خَلّوا	*yxállu*	يْخَلّوا	*bixállu*	بيخَلّوا

	imperative	
ínta	*xálli*	خَلّي
ínti	*xálli*	خَلّي
íntu	*xállu*	خَلّوا

	active participle	
masculine	*mxálli*	مْخَلّي
feminine	*mxállya*	مخَلّْيَة
plural	*mxallyīn*	مخَلّْيين

إنْتَ خلّيْتو يِلْعب عالكُمْبيوتر؟

Did you let him play on the computer?

بحِبّش أخلّي حدّ يمْسك جوّالي.

I don't like letting anybody touch my phone.

أبوي بيخلّيني أنضّف غُرْفِتي (غصبٍ عنّي).

My father makes me clean my room (by force).

خلّي أحْمد يْصلِّحْلك لِعْبتِك.

Let Ahmed fix your toy.

إنْتو مِش مْخلّيين أكِل؟

Haven't you left any food?

خلّيك في حالك.

Mind your own business.

45

sound measure I — **to pay** — دَفَع

	perfect		imperfect		bi-imperfect	
ána	dafá3it	دَفَعْت	ádfa3	أَدْفَع	bádfa3	بَدْفَع
íḥna	dafá3na	دَفَعْنا	nídfa3	نِدْفَع	bnídfa3	بْنِدْفَع
ínta	dafá3it	دَفَعْت	tídfa3	تِدْفَع	btídfa3	بْتِدْفَع
ínti	dafá3ti	دَفَعْتي	tídfa3i	تِدْفَعي	btídfa3i	بْتِدْفَعي
íntu	dafá3tu	دَفَعْتوا	tídfa3u	تِدْفَعوا	btídfa3u	بْتِدْفَعوا
húwwa	dáfa3	دَفَع	yídfa3	يِدْفَع	bídfa3	بيِدْفَع
híyya	dáfa3at	دَفَعَت	tídfa3	تِدْفَع	btídfa3	بْتِدْفَع
húmma	dáfa3u	دَفَعوا	yídfa3u	يِدْفَعوا	bídfa3u	بيِدْفَعوا

	imperative			active participle	
ínta	ídfa3	اِدْفَع	masculine	dāfi3	دافِع
ínti	ídfa3i	اِدْفَعي	feminine	dāf3a	دافْعَة
íntu	ídfa3u	اِدْفَعوا	plural	dāf3īn	دافْعين

مين دفع الفاتورة؟
Who paid the bill?

خلص تِدْفعيش (ما تِدْفعي)، خَلّيها عليّا.
Don't pay; it's on me.

إنْتو لمين بْتِدْفعوا اِشْتِراك النّت؟
To whom do you pay the internet subscription?

اِدْفعي حقُّه بعْدَيْن بجيبْلِك إيّاها.
Pay its worth, and then I'll bring it to you.

شكْلو أحْمد اللي دافِع.
It seems like Ahmed is the one who paid.

46 *hollow measure I* **to go** راح

	perfect		imperfect		bi-imperfect	
ána	*rúħit*	رُحِت	*arūħ*	أَروح	*barūħ*	بَروح
íħna	*rúħna*	رُحْنا	*nrūħ*	نْروح	*binrūħ*	بِنْروح
ínta	*rúħit*	رُحِت	*trūħ*	تْروح	*bitrūħ*	بِتْروح
ínti	*rúħti*	رُحْتي	*trūħi*	تْروحي	*bitrūħi*	بِتْروحي
íntu	*rúħtu*	رُحْتوا	*trūħu*	تْروحوا	*bitrūħu*	بِتْروحوا
húwwa	*rāħ*	راح	*yrūħ*	يْروح	*birūħ*	بيروح
híyya	*rāħat*	راحَت	*trūħ*	تْروح	*bitrūħ*	بِتْروح
húmma	*rāħu*	راحوا	*yrūħu*	يْروحوا	*birūħu*	بيروحوا

	imperative	
ínta	*rūħ*	روح
ínti	*rūħi*	روحي
íntu	*rūħu*	روحوا

	active participle	
masculine	*rāyiħ*	رايِح
feminine	*rāyħa*	رايْحَة
plural	*rāyħīn*	رايْحين

إحْنا رُحْنا عالمدْرسة اليوْم.

We went to school today.

مالِك بيحِبّ يْروح عالرَّوْضة.

Malik likes going to kindergarten.

أنا إلي فترْة بروحِش (ما بروح) عالنّادي.

I haven't been to the gym in a while.

روحي جيبيلي بيْض مِن الدُّكّانة.

Go get me eggs from the shop.

أنا هَيْني رايِح عالدّار، اِلْحقوني.

I'm going home; follow me.

47 *sound measure I* **to tie** رَبَط

	perfect		imperfect		bi-imperfect	
ána	*rabáţit*	رَبَطِت	*árbuţ*	أَرْبُط	*bárbuţ*	بَرْبُط
íħna	*rabáţna*	رَبَطْنا	*núrbuţ*	نُرْبُط	*bnúrbuţ*	بْنُرْبُط
ínta	*rabáţit*	رَبَطِت	*túrbuţ*	تُرْبُط	*btúrbuţ*	بْتُرْبُط
ínti	*rabáţti*	رَبَطْتي	*túrbuţi*	تُرْبُطي	*btúrbuţi*	بْتُرْبُطي
íntu	*rabáţtu*	رَبَطْتوا	*túrbuţu*	تُرْبُطوا	*btúrbuţu*	بْتُرْبُطوا
húwwa	*rábaţ*	رَبَط	*yúrbuţ*	يُرْبُط	*búrbuţ*	بيُرْبُط
híyya	*rábţat*	رَبْطَت	*túrbuţ*	تُرْبُط	*btúrbuţ*	بْتُرْبُط
húmma	*rábaţu*	رَبَطوا	*yúrbuţu*	يُرْبُطوا	*búrbuţu*	بيُرْبُطوا

	imperative	
ínta	*úrbuţ*	اُرْبُط
ínti	*úrbuţi*	اُرْبُطي
íntu	*úrbuţu*	اُرْبُطوا

	active participle	
masculine	*rābiţ*	رابِط
feminine	*rābţa*	رابْطَة
plural	*rābţīn*	رابْطين

شاكِر ربط السِّلْكينْ في بعض.

Shakir bound the two wires together.

قُل لعلي يُرْبُط الخيْط هاد.

Tell Ali to tie this string.

أخوي بيرْبُطِش (ما بْيرْبُط) بسْكليتّو لمّا ييجي عليْنا.

My brother doesn't chain up his bike when he comes to visit us.

اُرْبُط الحبِل هاد كْوَيِّس.

Tie this rope well.

إنْتي رابْطة هادا الكيس؟

Did you tie this bag?

	perfect		imperfect		bi-imperfect	
ána	*rjí3it*	رْجِعِت	*árja3*	أَرْجَع	*bárja3*	بَرْجَع
íħna	*rjí3na*	رْجِعْنا	*nírja3*	نِرْجَع	*bnírja3*	بْنِرجَع
ínta	*rjí3it*	رْجِعِت	*tírja3*	تِرْجَع	*btírja3*	بْتِرجَع
ínti	*rjí3ti*	رْجِعْتي	*tírja3i*	تِرْجَعي	*btírja3i*	بْتِرجَعي
íntu	*rjí3tu*	رْجِعْتوا	*tírja3u*	تِرْجَعوا	*btírja3u*	بْتِرجَعوا
húwwa	*ríji3*	رِجِع	*yírja3*	يِرْجَع	*bírja3*	بيرجَع
híyya	*ríj3at*	رِجْعَت	*tírja3*	تِرْجَع	*btírja3*	بْتِرجَع
húmma	*ríj3u*	رِجْعوا	*yírja3u*	يِرْجَعوا	*bírja3u*	بيرجَعوا

	imperative	
ínta	*írja3*	اِرْجَع
ínti	*írja3i*	اِرْجَعي
íntu	*írja3u*	اِرْجَعوا

	active participle	
masculine	*rāji3*	راجِع
feminine	*rāj3a*	راجْعَة
plural	*rāj3īn*	راجْعين

أُخْتك رِجْعت مِن السّفر؟

Did your sister get back from traveling?

يا ريْت تِرْجع الحَياة زيّ زمان.

I hope life returns to how it was before.

مْحمّد بيرْجِعِش (ما بيرْجِع) عالدّار قبِل السّاعة تمانْيَة في اللّيْل.

Muhammed doesn't come home before 8 p.m.

اِرْجِعوا لَوَرا خُطْوِتيْن.

Go back two steps.

إنْتَ راجِع تْدخِّن؟

Are you back to smoking?

to ride رِكِب

	perfect		imperfect		bi-imperfect	
ána	*rkíbit*	رْكِبِت	*árkab*	أَرْكَب	*bárkab*	بَرْكَب
íḫna	*rkíbna*	رْكِبْنا	*nírkab*	نِرْكَب	*bnírkab*	بْنِركَب
ínta	*rkíbit*	رْكِبْت	*tírkab*	تِرْكَب	*btírkab*	بْتِركَب
ínti	*rkíbti*	رْكِبْتي	*tírkabi*	تِرْكَبي	*btírkabi*	بْتِركَبي
íntu	*rkíbtu*	رْكِبْتوا	*tírkabu*	تِرْكَبوا	*btírkabu*	بْتِركَبوا
húwwa	*ríkib*	رِكِب	*yírkab*	يِرْكَب	*bírkab*	بيركَب
híyya	*ríkbat*	رِكْبَت	*tírkab*	تِرْكَب	*btírkab*	بْتِركَب
húmma	*ríkbu*	رِكْبوا	*yírkabu*	يِرْكَبوا	*bírkabu*	بيركَبوا

	imperative	
ínta	*írkab*	اِرْكَب
ínti	*írkabi*	اِرْكَبي
íntu	*írkabu*	اِرْكَبوا

	active participle	
masculine	*rākib*	راكِب
feminine	*rākba*	راكْبَة
plural	*rākbīn*	راكْبين

ضلّ حدّ ما رِكْبِش (ما رِكِب) سيّارْتي؟

Is there anyone that hasn't driven my car yet?

يلا الكُلّ يِرْكب في الباص.

Let's go, everybody get on the bus.

أنا برْكبِش (ما برْكب) إلّا سيّارات حديثة.

I only ride in modern cars.

اِرْكبي عالحِصان.

Get on the horse.

إنْتو في أيّ سيّارة راكْبين؟

Which car are you riding in?

50 *defective measure I* **to throw** رَمى

	perfect		imperfect		bi-imperfect	
ána	*ramēt*	رَميْت	*ármi*	أَرْمي	*bármi*	بَرْمي
íħna	*ramēna*	رَمينا	*nírmi*	نِرْمي	*bnírmi*	بْنِـرمي
ínta	*ramēt*	رَميْت	*tírmi*	تِرْمي	*btírmi*	بْتِـرمي
ínti	*ramēti*	رَميْتي	*tírmi*	تِرْمي	*btírmi*	بْتِـرمي
íntu	*ramētu*	رَميْتوا	*tírmu*	تِرْموا	*btírmu*	بْتِـرموا
húwwa	*ráma*	رَمى	*yírmi*	يِرْمي	*bírmi*	بيرمي
híyya	*rámat*	رَمَت	*tírmi*	تِرْمي	*btírmi*	بْتِـرمي
húmma	*rámu*	رَموا	*yírmu*	يِرْموا	*bírmu*	بيرموا

	imperative	
ínta	*írmi*	اِرْمي
ínti	*írmi*	اِرْمي
íntu	*írmu*	اِرْموا

	active participle	
masculine	*rāmi*	رامي
feminine	*rāmya*	رامْيَة
plural	*rāmyīn*	رامْيين

أنْسام رمَت الكوْرة مِن الشُّبّاك.

Ansam threw the ball out of the window.

اِحْكيلو ما يِرْميش (ما يِرْمي) اللِّعْبة على أخوه.

Tell him not to throw this toy at his brother.

خالْتي بْتِرْميش (ما بْتِرْمي) المحارِم مِن الشُّباك.

My aunt doesn't throw tissues out of the window.

اِرْميلي الجوّال يا أمير.

Toss the phone to me, Ameer.

إنْتو رامْيين الخشب؟

Did you throw away the wood?

hollow measure I

to visit زار

	perfect		imperfect		bi-imperfect	
ána	*zúrit*	زُرِت	*azūr*	أَزور	*bazūr*	بَزور
íḫna	*zúrna*	زُرْنا	*nzūr*	نْزور	*binzūr*	بِنْزور
ínta	*zúrit*	زُرِت	*tzūr*	تْزور	*bitzūr*	بِتْزور
ínti	*zúrti*	زُرْتي	*tzūri*	تْزوري	*bitzūri*	بِتْزوري
íntu	*zúrtu*	زُرْتوا	*tzūru*	تْزوروا	*bitzūru*	بِتْزوروا
húwwa	*zār*	زار	*yzūr*	يْزور	*bizūr*	بيزور
híyya	*zārat*	زارَت	*tzūr*	تْزور	*bitzūr*	بِتْزور
húmma	*zāru*	زاروا	*yzūru*	يْزوروا	*bizūru*	بيزوروا

	imperative	
ínta	*zūr*	زور
ínti	*zūri*	زوري
íntu	*zūru*	زوروا

	active participle	
masculine	*zāyir*	زايِر
feminine	*zāyra*	زايْرَة
plural	*zāyrīn*	زايْرين

أُخْتي صارِلْها زمان ما زارتِش (ما زارت) صاحْبِتْها.

My sister hasn't visited her friend for a long time.

اِحْكي لأحْمد يْزور عمّو العيّان.

Tell Ahmed to visit his sick uncle.

أنا بزور خْواتي كُلّ فترْة.

I visit my sisters every once in a while.

زور صاحْبك اللي أجى مِن السّفر.

Visit your friend who's come back from traveling.

إنْتو زايْرين علي في الشُّغُل؟

Have you visited Ali at work?

52 — sound measure I — to ask — سَأَل

	perfect		imperfect		bi-imperfect	
ána	saʔálit	سَأَلْت	ásʔal	أَسْأَل	básʔal	بَسْأَل
íḥna	saʔálna	سَأَلْنا	nísʔal	نِسْأَل	bnísʔal	بْنِسْأَل
ínta	saʔálit	سَأَلْت	tísʔal	تِسْأَل	btísʔal	بْتِسْأَل
ínti	saʔálti	سَأَلْتي	tísʔali	تِسْأَلي	btísʔali	بْتِسْأَلي
íntu	saʔáltu	سَأَلْتوا	tísʔalu	تِسْأَلوا	btísʔalu	بْتِسْأَلوا
húwwa	sáʔal	سَأَل	yísʔal	يِسْأَل	bísʔal	بيِسْأَل
híyya	sáʔlat	سَأْلَت	tísʔal	تِسْأَل	btísʔal	بْتِسْأَل
húmma	sáʔalu	سَأَلوا	yísʔalu	يِسْأَلوا	bísʔalu	بيِسْأَلوا

	imperative			active participle	
ínta	ísʔal	اِسْأَل	masculine	sāʔil	سائِل
ínti	ísʔali	اِسْأَلي	feminine	sāʔla	سائْلَة
íntu	ísʔalu	اِسْأَلوا	plural	sāʔlīn	سائْلين

سَأَلِت عن الدَّوا قبِل ما آخْدو.

I asked about the medicine before I took it.

أَشْرَف بيضِلّ يِسْأَلْني أَسْئِلة غبية.

Ashraf keeps asking me stupid questions.

النّاس اللي وَرا ليْش بيسْألوش (ما بيسْألوا)؟

Why are the people in the back not asking (questions)?

إذا مِش فاهْمة حاجة اِسْألي.

If you don't understand something, ask.

قال في ناس سائْلين عليّا؟

Is it true that some people asked about me?

53 *hollow measure I* **to leave** ساب

	perfect		imperfect		bi-imperfect	
ána	*síbit*	سِبِت	*asīb*	أَسيب	*basīb*	بَسيب
íḫna	*síbna*	سِبْنا	*nsīb*	نْسيب	*binsīb*	بِنْسيب
ínta	*síbit*	سِبِت	*tsīb*	تْسيب	*bitsīb*	بِتْسيب
ínti	*síbti*	سِبْتي	*tsībi*	تْسيبي	*bitsībi*	بِتْسيبي
íntu	*síbtu*	سِبْتوا	*tsību*	تْسيبوا	*bitsību*	بِتْسيبوا
húwwa	*sāb*	ساب	*ysīb*	يْسيب	*bisīb*	بيسيب
híyya	*sābat*	سابَت	*tsīb*	تْسيب	*bitsīb*	بِتْسيب
húmma	*sābu*	سابوا	*ysību*	يْسيبوا	*bisību*	بيسيبوا

	imperative	
ínta	*sīb*	سيب
ínti	*sībi*	سيبي
íntu	*sību*	سيبوا

	active participle	
masculine	*sāyib*	سايِب
feminine	*sāyba*	سايْبَة
plural	*sāybīn*	سايْبين

⚠ Some speakers in the West Bank use the verb ترك [Is3] instead of this verb.

محْمود لهلْقيْت ما سابِش (ما ساب) التّدْخين.

Mahmood hasn't quit smoking yet.

أبوي إذا اشْتغل شغْلة بيحِبِّش يْسيبْها إلّا لمّا يْخلِّصْها.

If my father starts working on something, he won't leave it until he's done.

ليْش بِتْسيب الوَلد الِصّْغير لحالو؟

Why did you leave the little boy alone?

هدول الزِّلام مِش سايْبين حدّ في حالو.

These guys don't leave anybody alone.

سيبي شُغْلِك ودوّري على شُغُل تاني.

Quit your job and start looking for another job.

to help ساعَد

	perfect		imperfect		bi-imperfect	
ána	sā3ádit	ساعَدت	ásā3id	أَساعِد	basā3id	بَساعِد
íḫna	sā3ádna	ساعَدْنا	nsā3id	نْساعِد	binsā3id	بِنْساعِد
ínta	sā3ádit	ساعَدت	tsā3id	تْساعِد	bitsā3id	بِتْساعِد
ínti	sā3ádti	ساعَدْتي	tsā3di	تْساعْدي	bitsā3di	بِتْساعْدي
íntu	sā3ádtu	ساعَدْتوا	tsā3du	تْساعْدوا	bitsā3du	بِتْساعْدوا
húwwa	sā3ad	ساعَد	ysā3id	يْساعِد	bisā3id	بيساعِد
híyya	sā3adat	ساعَدَت	tsā3id	تْساعِد	bitsā3id	بِتْساعِد
húmma	sā3adu	ساعَدوا	ysā3du	يْساعْدوا	bisā3du	بيساعْدوا

	imperative	
ínta	sā3id	ساعِد
ínti	sā3di	ساعْدي
íntu	sā3du	ساعْدوا

	active participle	
masculine	msā3id	مْساعِد
feminine	msā3da	مْساعْدَة
plural	msā3dīn	مْساعْدين

وفاء ساعدت أُخْتْها في جلي الصِّحون.

Wafa'a helped her sister with washing the dishes.

أنا بحِبّ أساعِد الكُلّ

I like to help everybody.

حسن بيساعْدِش (ما بيساعِد) إلّا صْحابو.

Hassan only helps his friends.

ساعْدوا هادا الزّلمة المسْكين.

Help this poor man.

إنْتَ مْساعِد مرتك في التّكْنيس؟

Did you help your wife with the sweeping?

55 — ساوى — to do

defective measure III

	perfect		imperfect		bi-imperfect	
ána	sāwēt	ساوْيْت	asāwi	أساوي	basāwi	بَساوي
íḥna	sāwēna	ساوْينا	nsāwi	نْساوي	binsāwi	بِنْساوي
ínta	sāwēt	ساوْيْت	tsāwi	تْساوي	bitsāwi	بِتْساوي
ínti	sāwēti	ساوْيْتي	tsāwi	تْساوي	bitsāwi	بِتْساوي
íntu	sāwētu	ساوْيْتوا	tsāwu	تْساووا	bitsāwu	بِتْساووا
húwwa	sāwa	ساوى	ysāwi	يْساوي	bisāwi	بِيْساوي
híyya	sāwat	ساوَت	tsāwi	تْساوي	bitsāwi	بِتْساوي
húmma	sāwu	ساووا	ysāwu	يْساووا	bisāwu	بِيْساووا

	imperative			active participle	
ínta	sāwi	ساوي	masculine	msāwi	مْساوي
ínti	sāwi	ساوي	feminine	msāwya	مْساوْيَة
íntu	sāwu	ساووا	plural	msāwyīn	مْساوْيين

⚠ Some speakers use a measure-II variant of this verb: سوّى.

أيْش ساوْيْت للوَلد؟
What did you do to the boy?

أخوي بيحِبِّش يْساوي أيّ إشي في حَياتو.
My brother doesn't like doing anything in his life.

صاحْبي بيساويش (ما بيساوي) إشي الصُّبِح.
My friend doesn't do anything in the morning.

شو مساويين للكلْب؟
What have you done to the dog?

ساوي إلي عليْك وسيبك مِن اللِّعِب.
Do what you have to do and quit playing.

56 — sound measure II — to close — سَكَّر

	perfect		imperfect		bi-imperfect	
ána	sakkárit	سَكَّرِت	asákkir	أَسَكِّر	basákkir	بَسَكِّر
íḥna	sakkárna	سَكَّرْنا	nsákkir	نْسَكِّر	binsákkir	بِنْسَكِّر
ínta	sakkárit	سَكَّرِت	tsákkir	تْسَكِّر	bitsákkir	بِتْسَكِّر
ínti	sakkárti	سَكَّرْتي	tsákkri	تْسَكِّري	bitsákkri	بِتْسَكِّري
íntu	sakkártu	سَكَّرْتوا	tsákkru	تْسَكِّروا	bitsákkru	بِتْسَكِّروا
húwwa	sákkar	سَكَّر	ysákkir	يْسَكِّر	bisákkir	بيسَكِّر
híyya	sákkarat	سَكَّرَت	tsákkir	تْسَكِّر	bitsákkir	بِتْسَكِّر
húmma	sákkaru	سَكَّروا	ysákkru	يْسَكِّروا	bisákkru	بيسَكِّروا

	imperative			active participle	
ínta	sákkir	سَكِّر	masculine	msákkir	مْسَكِّر
ínti	sákkri	سَكِّري	feminine	msákkra	مْسَكِّرة
íntu	sákkru	سَكِّروا	plural	msakkrīn	مْسَكِّرين

إنْتي سَكَّرْتي الباب؟
Did you shut the door?

قُل لعلي ما يْسَكِّرش (ما يْسَكِّر) المحلّ.
Tell Ali not to close the shop.

الوْلاد قاعْدين بيسَكِّروا في شُنَطْهُم.
The boys are closing their bags.

سَكِّر الشُّبّاك، الدِّنْيا سَقْعة.
Close the window; it's cold!

إنْتَ مْسَكِّر الخزانة؟
Have you closed the closet?

to live سَكَن

	perfect		imperfect		bi-imperfect	
ána	sakánit	سَكَنِت	áskun	أَسْكُن	báskun	بَسْكُن
íḫna	sakánna	سَكَنّا	núskun	نُسْكُن	bnúskun	بْنُسْكُن
ínta	sakánit	سَكَنِت	túskun	تُسْكُن	btúskun	بْتُسْكُن
ínti	sakánti	سَكَنْتي	túskuni	تُسْكُني	btúskuni	بْتُسْكُني
íntu	sakántu	سَكَنْتوا	túskunu	تُسْكُنوا	btúskunu	بْتُسْكُنوا
húwwa	sákan	سَكَن	yúskun	يُسْكُن	búskun	بيُسْكُن
híyya	sáknat	سَكْنَت	túskun	تُسْكُن	btúskun	بْتُسْكُن
húmma	sákanu	سَكَنوا	yúskunu	يُسْكُنوا	búskunu	بيُسْكُنوا

	imperative	
ínta	úskun	اُسْكُن
ínti	úskuni	اُسْكُني
íntu	úskunu	اُسْكُنوا

	active participle	
masculine	sākin	ساكِن
feminine	sākna	ساكْنَة
plural	sāknīn	ساكْنين

مين هاد الي سكن جديد؟

Who's the one that just moved here?

أخوي بِحِبِّش يُسْكن معْنا.

My brother doesn't like living with us.

البدو بيسْكُنوش (ما بيسْكُنوا) إلّا في الخِيَم.

Bedouins live only in tents.

اُسْكُني مع صحْباتِك.

Live with your friends.

إنْتو ساكْنين جنْب دار سامِر؟

Are you living beside Samer's?

	perfect		imperfect		bi-imperfect	
ána	*smí3it*	سْمِعِت	*ásma3*	أَسْمَع	*básma3*	بَسْمَع
íḫna	*smí3na*	سْمِعْنا	*nísma3*	نِسْمَع	*bnísma3*	بْنِسْمَع
ínta	*smí3it*	سْمِعِت	*tísma3*	تِسْمَع	*btísma3*	بْتِسْمَع
ínti	*smí3ti*	سْمِعْتي	*tísma3i*	تِسْمَعي	*btísma3i*	بْتِسْمَعي
íntu	*smí3tu*	سْمِعْتوا	*tísma3u*	تِسْمَعوا	*btísma3u*	بْتِسْمَعوا
húwwa	*sími3*	سِمِع	*yísma3*	يِسْمَع	*bísma3*	بيسْمَع
híyya	*sím3at*	سِمْعَت	*tísma3*	تِسْمَع	*btísma3*	بْتِسْمَع
húmma	*sím3u*	سِمْعوا	*yísma3u*	يِسْمَعوا	*bísma3u*	بيسْمَعوا

	imperative	
ínta	*ísma3*	اِسْمَع
ínti	*ísma3i*	اِسْمَعي
íntu	*ísma3u*	اِسْمَعوا

	active participle	
masculine	*sāmi3*	سامِع
feminine	*sām3a*	سامْعَة
plural	*sām3īn*	سامْعين

ما سْمِعْتِش (ما سْمِعِت) شو صار اليوْم؟

Didn't you hear about what happened today?

اُسْكُت شْوَيّة، خلّيني أسْمع الرّادْيو.

Be quiet a bit and let me listen to the radio.

إنْتي بْتِسْمعي وَلّا لأ؟ صارْلي ساعة بكلّْمِك.

Are you listening or not? I've been talking to you for a long time.

اِسْمع كلامي ومِش حتِخْسر.

Listen to what I say, and you won't lose.

سامْعين صوْت غريب في المطْبخ؟

Do you hear a strange sound in the kitchen?

	perfect		imperfect		bi-imperfect	
ána	*šúfit*	شُفِت	*ašūf*	أَشوف	*bašūf*	بَشوف
íḫna	*šúfna*	شُفْنا	*nšūf*	نْشوف	*binšūf*	بِنْشوف
ínta	*šúfit*	شُفِت	*tšūf*	تْشوف	*bitšūf*	بِتْشوف
ínti	*šúfti*	شُفْتي	*tšūfi*	تْشوفي	*bitšūfi*	بِتْشوفي
íntu	*šúftu*	شُفْتوا	*tšūfu*	تْشوفوا	*bitšūfu*	بِتْشوفوا
húwwa	*šāf*	شاف	*yšūf*	يْشوف	*bišūf*	بيشوف
híyya	*šāfat*	شافَت	*tšūf*	تْشوف	*bitšūf*	بِتْشوف
húmma	*šāfu*	شافوا	*yšūfu*	يْشوفوا	*bišūfu*	بيشوفوا

	imperative	
ínta	*šūf*	شوف
ínti	*šūfi*	شوفي
íntu	*šūfu*	شوفوا

	active participle	
masculine	*šāyif*	شايِف
feminine	*šāyfa*	شايْفَة
plural	*šāyfīn*	شايْفين

ألاء شافت البِّسّة وخافت.

Ala'a saw the cat and got scared.

أنا بحِبِّش أشوف غُرْفِتي مِش مْرتّبة.

I don't like seeing my room untidy.

أخوي بيشوفِش (ما بيشوف) إلّا بْعينْ وَحْدة.

My brother can only see with one eye.

شوفوا الدّار هادي محْلاها.

Look how beautiful this house is.

شايْفة الِكْلاب اللي بِالشّارِع؟

Do you see the dogs on the streets?

sound measure I

to drink شِرِب

	perfect		imperfect		bi-imperfect	
ána	*šribít*	شْرِبِت	*ášrab*	أَشْرَب	*bášrab*	بَشْرَب
íḫna	*šríbna*	شْرِبْنا	*níšrab*	نِشْرَب	*bníšrab*	بْنِشْرَب
ínta	*šribít*	شْرِبِت	*tíšrab*	تِشْرَب	*btíšrab*	بْتِشْرَب
ínti	*šríbti*	شْرِبْتي	*tíšrabi*	تِشْرَبي	*btíšrabi*	بْتِشْرَبي
íntu	*šríbtu*	شْرِبْتوا	*tíšrabu*	تِشْرَبوا	*btíšrabu*	بْتِشْرَبوا
húwwa	*šírib*	شِرِب	*yíšrab*	يِشْرَب	*bíšrab*	بيشْرَب
híyya	*šírbat*	شِرْبَت	*tíšrab*	تِشْرَب	*btíšrab*	بْتِشْرَب
húmma	*šírbu*	شِرْبوا	*yíšrabu*	يِشْرَبوا	*bíšrabu*	بيشْرَبوا

	imperative	
ínta	*íšrab*	اِشْرَب
ínti	*íšrabi*	اِشْرَبي
íntu	*íšrabu*	اِشْرَبوا

	active participle	
masculine	*šārib*	شارِب
feminine	*šārba*	شارْبَة
plural	*šārbīn*	شارْبين

⚠ Notice that you can drink a cigarette or shisha and soup in Arabic.

مين ما شِرْبِش (ما شِرِب) شيشة؟

Who hasn't smoked shisha?

بحِبِّش أشْرب ميّة قبِل ما أنام.

I don't like to drink water before I go to bed.

أُخْتي بْتِشْرب حليب كُلّ يوْم الصُّبِح.

My sister drinks milk every morning.

اِشْرب سَوائل كْتير بعْد التّمْرين.

Drink a lot of fluids after working out.

إنْتو مِش شارْبين الشّوْربة؟

Didn't you eat the soup?

sound measure I

to thank شَكَر

	perfect		imperfect		bi-imperfect	
ána	*šakárit*	شَكَرت	*áškur*	أَشْكُر	*báškur*	بَشْكُر
íḫna	*šakárna*	شَكَرْنا	*núškur*	نُشْكُر	*bnúškur*	بْنُشْكُر
ínta	*šakárit*	شَكَرت	*túškur*	تُشْكُر	*btúškur*	بْتُشْكُر
ínti	*šakárti*	شَكَرْتي	*túškuri*	تُشْكُري	*btúškuri*	بْتُشْكُري
íntu	*šakártu*	شَكَرْتوا	*túškuru*	تُشْكُروا	*btúškuru*	بْتُشْكُروا
húwwa	*šákar*	شَكَر	*yúškur*	يُشْكُر	*búškur*	بيُشْكُر
híyya	*šákrat*	شَكْرَت	*túškur*	تُشْكُر	*btúškur*	بْتُشْكُر
húmma	*šákaru*	شَكَروا	*yúškuru*	يُشْكُروا	*búškuru*	بيُشْكُروا

	imperative	
ínta	*úškur*	اُشْكُر
ínti	*úškuri*	اُشْكُري
íntu	*úškuru*	اُشْكُروا

	active participle	
masculine	*šākir*	شاكِر
feminine	*šākra*	شاكْرَة
plural	*šākrīn*	شاكْرين

أحْمد ما شكرِش (ما شكر) السُّوّاق بعِد ما نزِل مِن السّيّارة.

Ahmed didn't thank the driver after he got out of the car.

هادا الزّلمة بيحِبّش يُشْكُر حدّ.

This man doesn't like thanking anybody.

أنا دايماً بشْكُر أيّ حدا بيساعِدْني

I always thank anybody that helps me.

اُشْكُريني، صحّ أنا شريْتْلِك إيّاه؟

Thank me, didn't I buy you that?

إنْتو مِش شاكْرين الله عالنِّعْمة.

You're not thankful to God for this blessing.

رنا شكْرت ستّها على الهدية.

Rana thanked her grandmother for the gift.

hollow measure I   **to become**   صار

		perfect		**imperfect**		**bi-imperfect**
ána	ṣirit	صِرت	aṣīr	أَصير	baṣīr	بْصير
íḥna	ṣírna	صِرْنا	nṣīr	نْصير	binṣīr	بِنْصير
ínta	ṣirit	صِرت	tṣīr	تْصير	bitṣīr	بِتْصير
ínti	ṣírti	صِرْتي	tṣīri	تْصيري	bitṣīri	بِتْصيري
íntu	ṣírtu	صِرْتوا	tṣīru	تْصيروا	bitṣīru	بِتْصيروا
húwwa	ṣār	صار	yṣīr	يْصير	biṣīr	بيصير
híyya	ṣārat	صارَت	tṣīr	تْصير	bitṣīr	بِتْصير
húmma	ṣāru	صاروا	yṣīru	يْصيروا	biṣīru	بيصيروا

		imperative			**active participle**	
ínta	ṣīr	صير	masculine	ṣāyir	صايِر
ínti	ṣīri	صيري	feminine	ṣāyra	صايْرة
íntu	ṣīru	صيروا	plural	ṣāyrīn	صايْرين

⚠ Notice the meaning of this verb when it precedes another verb.

إنْتي صِرْتي سريعة في الكْتابة؟
Have you become quick at writing?

ليْش ما تْصيروا تِشْتِغْلوا مع أخوكو؟
Why not start working with your brother?

أنا قبْل النوْم بصير أفكّر.
I start to think [too much] before going to sleep.

مالك صايِر كسول؟   صير اِشْتِغِل زيّو قبِل ما تِتْكلِّم عليْه.
Why have you gotten lazy?   Work like him before you talk about him.

63 *defective measure I* **to wake up** صِحي

	perfect		imperfect		bi-imperfect	
ána	*ṣḫīt*	صْحيت	*áṣḫa*	أَصْحى	*baṣḫa*	بَصْحى
íḫna	*ṣḫīna*	صْحينا	*níṣḫa*	نِصْحى	*bníṣḫa*	بْنِصْحى
ínta	*ṣḫīt*	صْحيت	*tíṣḫa*	تِصْحى	*btíṣḫa*	بْتِصْحى
ínti	*ṣḫīti*	صْحيتي	*tíṣḫi*	تِصْحي	*btíṣḫi*	بْتِصْحي
íntu	*ṣḫītu*	صْحيتوا	*tíṣḫu*	تِصْحو	*btíṣḫu*	بْتِصْحوا
húwwa	*ṣíḫi*	صِحي	*yíṣḫa*	يِصْحى	*bíṣḫa*	بيِصْحى
híyya	*ṣíḫyat*	صِحْيَت	*tíṣḫa*	تِصْحى	*btíṣḫa*	بْتِصْحى
húmma	*ṣíḫyu*	صِحْيوا	*yíṣḫu*	يِصْحوا	*bíṣḫu*	بيِصْحوا

	imperative	
ínta	*íṣḫā*	اِصْحى
ínti	*íṣḫī*	اِصْحي
íntu	*íṣḫū*	اِصْحوا

	active participle	
masculine	*ṣāḫi*	صاحي
feminine	*ṣāḫya*	صاحْيَة
plural	*ṣāḫyīn*	صاحْيين

أخوك صِحي مِن النّوْم وَلّا لِسّا؟

Did your brother wake up yet?

وَقْتيْش بِدْهُم يِصْحوا الوْلاد؟

When are the boys going to wake up?

أنا بصْحاش (ما بِصْحى) قبْل السّاعة تمانْيَة.

I don't wake up before eight o'clock.

اِصْحي يا نِداء، مِش ضايِل وَقِت.

Wake up, Nida'a! There's no time left.

هو صاحي ولا نايم؟

Is he awake or sleeping?

sound measure I

to laugh ضِحِك

	perfect		imperfect		bi-imperfect	
ána	*dḫíkit*	ضْحِكِت	*ádḫak*	أَضْحَك	*bídḫak*	بِضْحَك
íḫna	*dḫíkna*	ضْحِكْنا	*nídḫak*	نِضْحَك	*bnídḫak*	بْنِضْحَك
ínta	*dḫíkit*	ضْحِكِت	*tídḫak*	تِضْحَك	*btídḫak*	بْتِضْحَك
ínti	*dḫíkti*	ضْحِكْتي	*tídḫaki*	تِضْحَكي	*btídḫaki*	بْتِضْحَكي
íntu	*dḫíktu*	ضْحِكْتوا	*tídḫaku*	تِضْحَكوا	*btídḫaku*	بْتِضْحَكوا
húwwa	*díḫik*	ضِحِك	*yídḫak*	يِضْحَك	*bídḫak*	بيضْحَك
híyya	*díḫkat*	ضِحْكَت	*tídḫak*	تِضْحَك	*btídḫak*	بْتِضْحَك
húmma	*díḫku*	ضِحْكوا	*yídḫak*	يِضْحَكوا	*bídḫak*	بيضْحَكوا

	imperative	
ínta	*ídḫak*	اِضْحَك
ínti	*ídḫaki*	اِضْحَكي
íntu	*ídḫaku*	اِضْحَكوا

	active participle	
masculine	*dāḫik*	ضاحِك
feminine	*dāḫka*	ضاحْكَة
plural	*dāḫkīn*	ضاحْكين

مين اللي ضِحِك توّي؟

Who just laughed?

قُل لمحْمود ما يِضْحكِش (ما يِضْحك) عليّا.

Tell Mahmood to stop making fun of me.

سيدي بحِبِّش يْشوف حدّ بيضْحك.

My grandpa doesn't like seeing anyone laugh.

اِضْحك للدِّنْيا، تِضْحكْلك.

Laugh for life; it will laugh back.

المُدير عصب عليْهُم لمّا عِرِف إنُّهُم ضاحْكين بِالحِصّة.

The principal got mad at them when he learned they were laughing in class.

65 *geminate measure I* to stay ضَلّ

	perfect		imperfect		bi-imperfect	
ána	*ḍallēt*	ضَلّيْت	*áḍall*	أَضَلّ	*baḍall*	بَضَلّ
íḫna	*ḍallēna*	ضَلّيْنا	*nḍall*	نْضَلّ	*binḍáll*	بْنْضَلّ
ínta	*ḍallēt*	ضَلّيْت	*tḍall*	تْضَلّ	*bitḍáll*	بِتْضَلّ
ínti	*ḍallēti*	ضَلّيْتي	*tḍálli*	تْضَلّي	*bitḍálli*	بِتْضَلّي
íntu	*ḍallētu*	ضَلّيْتوا	*tḍállu*	تْضَلّوا	*bitḍállu*	بِتْضَلّوا
húwwa	*ḍall*	ضَلّ	*yḍall*	يْضَلّ	*biḍáll*	بيضَلّ
híyya	*ḍállat*	ضَلَّت	*tḍall*	تْضَلّ	*bitḍáll*	بِتْضَلّ
húmma	*ḍállu*	ضَلّوا	*yḍállu*	يْضَلّوا	*biḍállu*	بيضَلّوا

	imperative	
ínta	*ḍall*	ضَلّ
ínti	*ḍálli*	ضَلّي
íntu	*ḍállu*	ضَلّوا

	active participle	
masculine	*ḍāyil*	ضايِل
feminine	*ḍāyla*	ضايْلَة
plural	*ḍāylīn*	ضايْلين

⚠ Notice the meaning of this verb when it precedes another verb.

كُلّنا حنطْلع، مين حتْضل؟

We're all going out. Who will stay?

مين ضلّ في الدّار؟

Who stayed at home?

ليْش بِتْضلّكو تِتْطلّعوا عليّا؟

Why do you keep looking at me?

ضلّك اِمْشي لآخِر الشّارِع.

Keep walking until the end of the street.

تْضلّكاش (ما تْضلّك) تُضْرُب أخوك.

Stop hitting your brother.

إنْتَ ضايِل في نفْس الشّرْكة؟

Are you still in the same company?

 sound measure I

to cook طَبَخ

	perfect		imperfect		bi-imperfect	
ána	*ṭabáxit*	طَبَخِت	*áṭbux*	أَطْبُخ	*báṭbux*	بَطْبُخ
íḥna	*ṭabáxna*	طَبَخْنا	*núṭbux*	نُطْبُخ	*bnúṭbux*	بْنُطْبُخ
ínta	*ṭabáxit*	طَبَخِت	*túṭbux*	تُطْبُخ	*btúṭbux*	بْتُطْبُخ
ínti	*ṭabáxti*	طَبَخْتي	*túṭbuxi*	تُطْبُخي	*btúṭbuxi*	بْتُطْبُخي
íntu	*ṭabáxtu*	طَبَخْتوا	*túṭbuxu*	تُطْبُخوا	*btúṭbuxu*	بْتُطْبُخوا
húwwa	*ṭábax*	طَبَخ	*yúṭbux*	يُطْبُخ	*búṭbux*	بيُطْبُخ
híyya	*ṭábxat*	طَبْخَت	*túṭbux*	تُطْبُخ	*btúṭbux*	بْتُطْبُخ
húmma	*ṭábaxu*	طَبَخوا	*yúṭbuxu*	يُطْبُخوا	*búṭbuxu*	بيُطْبُخوا

	imperative	
ínta	*úṭbux*	اُطْبُخ
ínti	*úṭbuxi*	اُطْبُخي
íntu	*úṭbuxu*	اُطْبُخوا

	active participle	
masculine	*ṭābix*	طابِخ
feminine	*ṭābxa*	طابْخَة
plural	*ṭābxīn*	طابْخين

إنْتي شو طبخْتي اليوْم؟

What did you cook today?

قُل لبسْمة ما تُطْبُخِش (ما تُطْبُخ) الأكِل.

Tell Basma not to cook the food.

أنا بطبُخ لأهْلي أحْياناً.

I cook for my family sometimes.

يَلّا اُطْبُخي الأكِل، أنا جعان.

Come on, make the food; I'm hungry.

مين طابْخة هادا الأكِل؟

Who cooked this food?

67 *sound measure I* **to request** طَلَب

	perfect		imperfect		bi-imperfect	
ána	ṭalábit	طَلَبِت	áṭlub	أَطْلُب	báṭlub	بَطْلُب
íḫna	ṭalábna	طَلَبْنا	núṭlub	نُطْلُب	bnúṭlub	بْنُطْلُب
ínta	ṭalábit	طَلَبِت	túṭlub	تُطْلُب	btúṭlub	بْتُطْلُب
ínti	ṭalábti	طَلَبْتي	túṭlubi	تُطْلُبي	btúṭlubi	بْتُطْلُبي
íntu	ṭalábtu	طَلَبْتوا	túṭlubu	تُطْلُبوا	btúṭlubu	بْتُطْلُبوا
húwwa	ṭálab	طَلَب	yúṭlub	يُطْلُب	búṭlub	بُيطْلُب
híyya	ṭálbat	طَلْبَت	túṭlub	تُطْلُب	btúṭlub	بْتُطْلُب
húmma	ṭálabu	طَلَبوا	yúṭlubu	يُطْلُبوا	búṭlubu	بُيطْلُبوا

	imperative	
ínta	úṭlub	اُطْلُب
ínti	úṭlubi	اُطْلُبي
íntu	úṭlubu	اُطْلُبوا

	active participle	
masculine	ṭālib	طالِب
feminine	ṭālba	طالْبَة
plural	ṭālbīn	طالْبين

صحّ أنا طلبت مِنّك تْجيبْلي الجوّال؟

Didn't I ask you to bring me the phone?

أحْمَد بيضلّ يُطْلُب مِنّي أجيبْلو ميّة.

Ahmed keeps asking me to get him water.

لَيْش بْتُطْلُبوا مِن الوَلد الصّغير يِشْترِيلْكو؟

Why did you ask the little boy to buy for you?

اُطْلُب، طلباتك أَوامِر!

Ask! Your wish is my command!

إنْتَ طالِب أكِل مِن المطْعم ؟

Did you order food from the restaurant?

طلبِت رقمك بسّ إنْتَ كُنت مشْغول.

I called your number, but you were busy.

68 *sound measure I* **to ascend** طِلِع

	perfect		imperfect		bi-imperfect	
ána	*ṭlí3it*	طْلِعِت	*áṭla3*	أَطْلَع	*báṭla3*	بَطْلَع
íḫna	*ṭlí3na*	طْلِعْنا	*níṭla3*	نِطْلَع	*bníṭla3*	بْنِطْلَع
ínta	*ṭlí3it*	طْلِعِت	*tíṭla3*	تِطْلَع	*btíṭla3*	بْتِطْلَع
ínti	*ṭlí3ti*	طْلِعْتي	*tíṭla3i*	تِطْلَعي	*btíṭla3i*	بْتِطْلَعي
íntu	*ṭlí3tu*	طْلِعْتوا	*tíṭla3u*	تِطْلَعوا	*btíṭla3u*	بْتِطْلَعوا
húwwa	*ṭíli3*	طِلِع	*yíṭla3*	يِطْلَع	*bíṭla3*	بيطْلَع
híyya	*ṭíl3at*	طِلْعَت	*tíṭla3*	تِطْلَع	*btíṭla3*	بْتِطْلَع
húmma	*ṭíl3u*	طِلْعوا	*yíṭla3u*	يِطْلَعوا	*bíṭla3u*	بيطْلَعوا

	imperative	
ínta	*íṭla3*	اِطْلَع
ínti	*íṭla3i*	اِطْلَعي
íntu	*íṭla3u*	اِطْلَعوا

	active participle	
masculine	*ṭāli3*	طالع
feminine	*ṭāl3a*	طالْعَة
plural	*ṭāl3īn*	طالْعين

شُفْت الشّابّ هداك شو طِلِع بِالآخِر؟

Did you see what that guy turned out to be?

قُلّو يِطْلَع بِالأصنْصير، أحْسن مِن الدّرج.

Tell him to go upstairs using the elevator; it's better than the stairs.

أُخْتي بْتِطْلَعِش (ما بْتِطْلَع) مِن الدّار في اللّيْل.

My sister doesn't get out of the house at night.

إنْتَ طالع وَلّا في الدّار؟

Are you out or at home?

اِطْلَع مِن الدّار!

Get out of the house!

صاحْبك طِلِع في السّوق مرّة وَحْدة.

Your friend['s business] took off in the market so quickly.

69 *sound measure III* **to treat** عَامَل

	perfect		imperfect		bi-imperfect	
ána	*3āmálit*	عامَلِت	*a3āmil*	أَعامِل	*ba3āmil*	بَعامِل
íħna	*3āmálna*	عامَلْنا	*n3āmil*	نْعامِل	*bin3āmil*	بِنْعامِل
ínta	*3āmálit*	عامَلِت	*t3āmil*	تْعامِل	*bit3āmil*	بِتْعامِل
ínti	*3āmálti*	عامَلْتي	*t3āmli*	تْعامْلي	*bit3āmli*	بِتْعامْلي
íntu	*3āmáltu*	عامَلْتوا	*t3āmlu*	تْعامْلوا	*bit3āmlu*	بِتْعامْلوا
húwwa	*3āmal*	عامَل	*y3āmil*	يْعامِل	*bi3āmil*	بيعامِل
híyya	*3āmalat*	عامَلَت	*t3āmil*	تْعامِل	*bit3āmil*	بِتْعامِل
húmma	*3āmalu*	عامَلوا	*y3āmlu*	يْعامْلوا	*bi3āmlu*	بيعامْلوا

	imperative	
ínta	*3āmil*	عامِل
ínti	*3āmli*	عامْلي
íntu	*3āmlu*	عامْلوا

	active participle	
masculine	*m3āmil*	مْعامِل
feminine	*m3āmla*	مْعامْلة
plural	*m3āmlīn*	مْعامْلين

⚠ Compare this verb's meaning to اِتْعامل **T-9**.

مين اللي عامَلَك هيك؟

Who treated you like that?

قل لإبْنك يْعامِلْني مْنيح.

Tell your son to treat me well.

صاحْبي بيعامْلِش (ما بيعامِل) أبوه كْوَيِّس.

My friend doesn't treat his father well.

إنْتو ليْش مْعامْلينو كإنّو غريب؟

Why did you treat him like he's a stranger?

عامْلو مْنيح عشان يْحِبّك.

Treat him well so that he likes you.

to know عِرِف

	perfect		imperfect		bi-imperfect	
ána	*3rífit*	عْرِفِت	*á3rif*	أَعْرِف	*bá3rif*	بَعْرِف
íḫna	*3rífna*	عْرِفْنا	*ní3rif*	نِعْرِف	*bní3rif*	بْنِعْرِف
ínta	*3rífit*	عْرِفِت	*tí3rif*	تِعْرِف	*btí3rif*	بْتِعْرِف
ínti	*3rífti*	عْرِفْتي	*tí3rifi*	تِعْرِفي	*btí3rifi*	بْتِعْرِفي
íntu	*3ríftu*	عْرِفْتوا	*tí3rifu*	تِعْرْفوا	*btí3rifu*	بْتِعْرِفوا
húwwa	*3írif*	عِرِف	*yí3rif*	يِعْرِف	*bí3rif*	بيعْرِف
híyya	*3írfat*	عِرْفَت	*tí3rif*	تِعْرِف	*btí3rif*	بْتِعْرِف
húmma	*3írfu*	عِرْفوا	*yí3rifu*	يِعْرِفوا	*bí3rifu*	بيعْرِفوا

	imperative	
ínta	*í3rif*	اِعْرِف
ínti	*í3rifi*	اِعْرِفي
íntu	*í3rifu*	اِعْرِفوا

	active participle	
masculine	*3ārif*	عارِف
feminine	*3ārfa*	عارْفَة
plural	*3ārfīn*	عارْفين

⚠ Notice the meaning of this verb when it precedes another verb.

أنا عْرِفِت مين اللي عمل فيّا المقْلب.

I found out who pranked me.

إنْتي كُنْتي تِعْرِفي مين اِتّصل؟

Did you know who called?

مها بْتِعْرفِش (ما بْتِعْرِف) تِفْتح العِلب لحالْها.

Maha doesn't know how to open cans on her own.

اِعْرِف قيمْتك عِنْد النّاس.

Know your worth to people.

إنْتو عارْفين أكم السّاعة؟

Do you know what the time is?

عمّار بْيِعْرِفِش (ما بْيِعْرِف) يِحْكي إنْجْليزي.

Ammar can't speak English.

71 *sound measure I* **to invite** عَزَم

	perfect		imperfect		bi-imperfect	
ána	*3azámit*	عَزَمِت	*á3zim*	أَعْزِم	*bá3zim*	بَعْزِم
íħna	*3azámna*	عَزَمْنا	*ní3zim*	نِعْزِم	*bní3zim*	بْنِعْزِم
ínta	*3azámit*	عَزَمِت	*tí3zim*	تِعْزِم	*btí3zim*	بْتِعْزِم
ínti	*3azámti*	عَزَمْتي	*tí3zimi*	تِعْزِمي	*btí3zimi*	بْتِعْزِمي
íntu	*3azámtu*	عَزَمْتوا	*tí3zimu*	تِعْزِموا	*btí3zimu*	بْتِعْزِموا
húwwa	*3ázam*	عَزَم	*yí3zim*	يِعْزِم	*bí3zim*	بيعْزِم
híyya	*3ázmat*	عَزَمَت	*tí3zim*	تِعْزِم	*btí3zim*	بْتِعْزِم
húmma	*3ázamu*	عَزَموا	*yí3zimu*	يِعْزِموا	*bí3zimu*	بيعْزِموا

	imperative	
ínta	*í3zim*	اِعْزِم
ínti	*í3zimi*	اِعْزِمي
íntu	*í3zimu*	اِعْزِموا

	active participle	
masculine	*3āzim*	عازِم
feminine	*3āzma*	عازْمَة
plural	*3āzmīn*	عازْمين

مِش حاكُل معْكو. صاحْبي عزمْني عالغدا.

I'm not going to eat with you. My friend invited me to lunch.

أخوي بيحِبّ يِعْزِم حماتو عالعشا.

My brother likes inviting his mother-in-law over for dinner.

علي بخيل، بيعْزِمِش (ما بيعْزِم) حدا لمّا ياكُل.

Ali is stingy. He doesn't share with anyone when he eats.

اِعْزِمي صاحِبْتِك على عيد ميلادِك.

Invite your friend for your birthday.

إنْتو مين عازْمين عالعُرْس؟

Who did you invite to the wedding?

to do عَمَل

	perfect		imperfect		bi-imperfect	
ána	*3amálit*	عَمَلت	*á3mal*	أَعْمَل	*bá3mal*	بَعْمَل
íḫna	*3amálna*	عَمَلْنا	*ní3mal*	نِعْمَل	*bní3mal*	بْنِعْمَل
ínta	*3amálit*	عَمَلت	*tí3mal*	تِعْمَل	*btí3mal*	بْتِعْمَل
ínti	*3amálti*	عَمَلْتي	*tí3mali*	تِعْمَلي	*btí3mali*	بْتِعْمَلي
íntu	*3amáltu*	عَمَلْتوا	*tí3malu*	تِعْمَلوا	*btí3malu*	بْتِعْمَلوا
húwwa	*3ámal*	عَمَل	*yí3mal*	يِعْمَل	*bí3mal*	بيعْمَل
híyya	*3ámlat*	عَمْلَت	*tí3mal*	تِعْمَل	*btí3mal*	بْتِعْمَل
húmma	*3ámalu*	عَمَلوا	*yí3malu*	يِعْمَلوا	*bí3malu*	بيعْمَلوا

	imperative	
ínta	*í3mal*	اِعْمَل
ínti	*í3mali*	اِعْمَلي
íntu	*í3malu*	اِعْمَلوا

	active participle	
masculine	*3āmil*	عامِل
feminine	*3āmla*	عامْلَة
plural	*3āmlīn*	عامْلين

⚠ Some speakers conjugate this verb with kasra in the perfect tense: عِمِل [1s4]

عملِت اللي قُلْتِلك عليْه؟

Did you do what I asked you to?

مين قالْكو تِعْملوا شاي؟ بِدّْنا قهْوَة.

Who told you to make tea? We want coffee.

شو بيعْمل هادا الوَلد؟

What is this boy doing?

اِعْملي عشا، أنا ميِّت جوع!

Make dinner. I'm starving!

شو عامْلين بُكْرا؟

What are you doing tomorrow?

شو عامِل؟

How are you doing?

73 *sound measure I* **to wash** غَسَل

	perfect		imperfect		bi-imperfect	
ána	ɣasálit	غَسَلت	áɣsil	أَغْسِل	báɣsil	بَغْسِل
íḫna	ɣasálna	غَسَلْنا	níɣsil	نِغْسِل	bníɣsil	بْنِغْسِل
ínta	ɣasálit	غَسَلت	tíɣsil	تِغْسِل	btíɣsil	بْتِغْسِل
ínti	ɣasálti	غَسَلْتي	tíɣsili	تِغْسِلي	btíɣsili	بْتِغْسِلي
íntu	ɣasáltu	غَسَلْتوا	tíɣsilu	تِغْسِلوا	btíɣsilu	بْتِغْسِلوا
húwwa	ɣásal	غَسَل	yíɣsil	يِغْسِل	bíɣsil	بيغْسِل
híyya	ɣáslat	غَسْلَت	tíɣsil	تِغْسِل	btíɣsil	بْتِغْسِل
húmma	ɣásalu	غَسَلوا	yíɣsilu	يِغْسِلوا	bíɣsilu	بيغْسِلوا

	imperative	
ínta	íɣsil	اِغْسِل
ínti	íɣsili	اِغْسِلي
íntu	íɣsilu	اِغْسِلوا

	active participle	
masculine	ɣāsil	غاسِل
feminine	ɣāsla	غاسْلَة
plural	ɣāslīn	غاسْلين

غسلْتي الأَواعي الوِسْخات؟

Did you wash the dirty clothes?

كم مرّة قُلْتِلك تِغْسلِش (ما تِغْسل) هادي الطنْجِرة؟

How many times did I tell you not to wash this cooking pot?

أحْمد قاعِد بيغْسِل في قميصو.

Ahmed is washing his shirt.

اِغْسِل إيديْك بِالميّة والصّابونة.

Wash your hands with water and soap.

إنْتي غاسْلة بوْتي الأبْيَض؟

Did you wash my white boots?

to change غَيَّر

	perfect		imperfect		bi-imperfect	
ána	*ɣayyárit*	غَيَّرت	*aɣáyyir*	أَغَيِّر	*baɣáyyir*	بَغَيِّر
íḫna	*ɣayyárna*	غَيَّرْنا	*nɣáyyir*	نْغَيِّر	*binɣáyyir*	بِنْغَيِّر
ínta	*ɣayyárit*	غَيَّرت	*tɣáyyir*	تْغَيِّر	*bitɣáyyir*	بِتْغَيِّر
ínti	*ɣayyárti*	غَيَّرْتي	*tɣáyyri*	تْغَيّْري	*bitɣáyyri*	بِتْغَيّْري
íntu	*ɣayyártu*	غَيَّرْتوا	*tɣáyyru*	تْغَيّْروا	*bitɣáyyru*	بِتْغَيّْروا
húwwa	*ɣáyyar*	غَيَّر	*yɣáyyir*	يْغَيِّر	*biɣáyyir*	بيغَيِّر
híyya	*ɣáyyarat*	غَيَّرَت	*tɣáyyir*	تْغَيِّر	*bitɣáyyir*	بِتْغَيِّر
húmma	*ɣáyyaru*	غَيَّروا	*yɣáyyru*	يْغَيّْروا	*biɣáyyru*	بيغَيّْروا

	imperative	
ínta	*ɣáyyir*	غَيِّر
ínti	*ɣáyyri*	غَيّْري
íntu	*ɣáyyru*	غَيّْروا

	active participle	
masculine	*mɣáyyir*	مْغَيِّر
feminine	*mɣáyyra*	مْغَيّْرَة
plural	*mɣáyyrīn*	مْغَيّْرين

مين غيّر عن قناةْ الأخْبار؟

Who changed the news channel?

قُل لصاحْبك يْغيرّ أُسْلوبو في الحكي.

Tell your friend to change the way he talks.

هَيْثم بيغيِّرش (ما بيغيِّر) جوّالو إلّا لمّا يِنْكِسِر.

Haitham doesn't change his phone unless it's broken.

غيرِّ أَواعيك عشان بِدّْنا نِطْلع.

Change your clothes because we're going out.

إنْتي مْغيّْرة الضّوّ هاد؟

Did you change this lamp?

sound measure I

to open

فَتَح

	perfect		imperfect		bi-imperfect	
ána	*fatáħit*	فَتَحِت	*áftaħ*	أَفْتَح	*báftaħ*	بَفْتَح
íħna	*fatáħna*	فَتَحْنا	*níftaħ*	نِفْتَح	*bníftaħ*	بْنِفْتَح
ínta	*fatáħit*	فَتَحِت	*tíftaħ*	تِفْتَح	*btíftaħ*	بْتِفْتَح
ínti	*fatáħti*	فَتَحْتي	*tíftaħi*	تِفْتَحي	*btíftaħi*	بْتِفْتَحي
íntu	*fatáħtu*	فَتَحْتوا	*tíftaħu*	تِفْتَحوا	*btíftaħu*	بْتِفْتَحوا
húwwa	*fátaħ*	فَتَح	*yíftaħ*	يِفْتَح	*bíftaħ*	بيفْتَح
híyya	*fátħat*	فَتْحَت	*tíftaħ*	تِفْتَح	*btíftaħ*	بْتِفْتَح
húmma	*fátaħu*	فَتَحوا	*yíftaħu*	يِفْتَحوا	*bíftaħu*	بيفْتَحوا

	imperative	
ínta	*íftaħ*	اِفْتَح
ínti	*íftaħi*	اِفْتَحي
íntu	*íftaħu*	اِفْتَحوا

	active participle	
masculine	*fātiħ*	فاتِح
feminine	*fātħa*	فاتْحَة
plural	*fātħīn*	فاتْحين

مين فتح الكيس هاد؟

Who opened this bag?

مين قالّك تِفْتح الشُّبّاك؟

Who told you to open the window?

علي بيفْتحِش (ما بيفْتح) التِّلفِزْيوْن إلّا في اللّيْل.

Ali only turns on the TV at night.

اِفْتحي الباب لأُخْتِك الِصّغيرة.

Open the door for your little sister.

إنْتو لِسّا فاتْحين؟

Are you still open?

to think فَكَّر

	perfect		imperfect		bi-imperfect	
ána	fakkárit	فَكَّرت	afákkir	أَفَكِّر	bafákkir	بَفَكِّر
íḫna	fakkárna	فَكَّرْنا	nfákkir	نْفَكِّر	binfákkir	بِنْفَكِّر
ínta	fakkárit	فَكَّرت	tfákkir	تْفَكِّر	bitfákkir	بِتْفَكِّر
ínti	fakkárti	فَكَّرْتي	tfákkri	تْفَكّْري	bitfákkri	بِتْفَكّْري
íntu	fakkártu	فَكَّرْتوا	tfákkru	تْفَكّْروا	bitfákkru	بِتْفَكّْروا
húwwa	fákkar	فَكَّر	yfákkir	يْفَكِّر	bifákkir	بيفَكِّر
híyya	fákkarat	فَكَّرَت	tfákkir	تْفَكِّر	bitfákkir	بِتْفَكِّر
húmma	fákkaru	فَكَّروا	yfákkru	يْفَكّْروا	bifákkru	بيفَكّْروا

	imperative	
ínta	fákkir	فَكِّر
ínti	fákkri	فَكّْري
íntu	fákkru	فَكّْروا

	active participle	
masculine	mfákkir	مْفَكِّر
feminine	mfákkra	مْفَكّْرَة
plural	mfakkrīn	مْفَكّْرين

هُوَّ إنْتَ؟ أنا فكّرِت واحد غريب.

Is that you? I thought it was a stranger.

خَواتي ضلُّهُم شهر يْفكّْروا بمُفاجأة لأبوي.

My sisters kept thinking for a month about a surprise for my dad.

مُشْكِلْتك إنّك بِتْفكّْرِش (ما بِتْفكِّر) قبِل ما تِعْمل إشي.

Your problem is that you don't think before doing something.

فكّْري بِالمَوْضوع واِحْكيلي.

Think about it and let me know.

إنْتَ مين مْفكِّر حالك؟

Who do you think you are?

77 *sound measure I* **to understand** فِهِم

	perfect		imperfect		bi-imperfect	
ána	fhímit	فْهِمت	áfham	أَفْهَم	báfham	بَفْهَم
íђna	fhímna	فْهِمْنا	nífham	نِفْهَم	bnífham	بْنِفْهَم
ínta	fhímit	فْهِمت	tífham	تِفْهَم	btífham	بْتِفْهَم
ínti	fhímti	فْهِمْتي	tífhami	تِفْهَمي	btífhami	بْتِفْهَمي
íntu	fhímtu	فْهِمْتوا	tífhamu	تِفْهَموا	btífhamu	بْتِفْهَموا
húwwa	fíhim	فِهِم	yífham	يِفْهَم	bífham	بيفْهَم
híyya	fíhmat	فِهْمَت	tífham	تِفْهَم	btífham	بْتِفْهَم
húmma	fíhmu	فِهْموا	yífhamu	يِفْهَموا	bífhamu	بيفْهَموا

	imperative	
ínta	ífham	اِفْهَم
ínti	ífhami	اِفْهَمي
íntu	ífhamu	اِفْهَموا

	active participle	
masculine	fāhim	فاهِم
feminine	fāhma	فاهْمَة
plural	fāhmīn	فاهْمين

شكِلْكو ما فْهِمْتوش (ما فْهِمْتوا) الدّرْس.

It seems like you haven't understood the lesson.

لازِم تِفْهم الدِّنْيا كيْف ماشْيَة.

You should understand how life goes.

حْسيْن بيفْهمِش (ما بيفْهم) إشي وهُوَّ بْتْفرّج عالتِّلْفِزْيوْن.

Hussein doesn't understand a thing while he's watching TV.

اِفْهم هادي الخُطْوَة والباقي كُلّو سهِل.

Understand this step, and the rest is all easy.

إنْتي فاهْمة شو بحْكي؟

Do you understand what I'm saying?

	perfect		imperfect		bi-imperfect	
ána	*gúlit*	قُلِت	*agūl*	أَقول	*bagūl*	بَقول
íḫna	*gúlna*	قُلْنا	*ngūl*	نْقول	*bingūl*	بِنْقول
ínta	*gúlit*	قُلِت	*tgūl*	تْقول	*bitgūl*	بِتْقول
ínti	*gúlti*	قُلْتي	*tgūli*	تْقولي	*bitgūli*	بِتْقولي
íntu	*gúltu*	قُلْتوا	*tgūlu*	تْقولوا	*bitgūlu*	بِتْقولوا
húwwa	*gāl*	قال	*ygūl*	يْقول	*bigūl*	بيقول
híyya	*gālat*	قالَت	*tgūl*	تْقول	*bitgūl*	بِتْقول
húmma	*gālu*	قالوا	*ygūlu*	يْقولوا	*bigūlu*	بيقولوا

	imperative	
ínta	*gūl*	قول
ínti	*gūli*	قولي
íntu	*gūlu*	قولوا

	active participle	
masculine	*gāyil*	قايِل
feminine	*gāyla*	قايْلَة
plural	*gāylīn*	قايْلين

⚠ In practice, the imperative forms are only pronounced with a long vowel in isolation: قول! *gūl* 'Do tell!' but are otherwise short: قُل... *gul*, as seen in many example sentences throughout the book.

مين قال إنّو الجامْعة صعْبة؟

Who said university is hard?

أهمّ إشي تْقولوش (ما تْقولوا) لحدّ.

The most important thing is that you not tell anybody.

قولي لصاحِبْتِك تيجي تْزورْنا.

Tell your friend to come visit us.

أخوك بيقول إنّي فاشِل.

Your brother says that I'm a loser.

إنْتَ قايِل لمْحمّد إنّي طالِع؟

Did you tell Muhammad that I was out?

79 *sound measure I* **to earn** قَبَض

	perfect		imperfect		bi-imperfect	
ána	*gabáḍit*	قَبَضت	*ágbuḍ*	أَقْبُض	*bágbuḍ*	بَقْبُض
íḫna	*gabáḍna*	قَبَضْنا	*núgbuḍ*	نُقْبُض	*bnúgbuḍ*	بْنُقْبُض
ínta	*gabáḍit*	قَبَضت	*túgbuḍ*	تُقْبُض	*btúgbuḍ*	بْتُقْبُض
ínti	*gabáḍti*	قَبَضْتي	*túgbuḍi*	تُقْبُضي	*btúgbuḍi*	بْتُقْبُضي
íntu	*gabáḍtu*	قَبَضْتوا	*túgbuḍu*	تُقْبُضوا	*btúgbuḍu*	بْتُقْبُضوا
húwwa	*gábaḍ*	قَبَض	*yúgbuḍ*	يُقْبُض	*búgbuḍ*	بيقْبُض
híyya	*gábḍat*	قَبْضَت	*túgbuḍ*	تُقْبُض	*btúgbuḍ*	بْتُقْبُض
húmma	*gábaḍu*	قَبَضوا	*yúgbuḍu*	يُقْبُضوا	*búgbuḍu*	بيقْبُضوا

	imperative	
ínta	*úgbuḍ*	اُقْبُض
ínti	*úgbuḍi*	اُقْبُضي
íntu	*úgbuḍu*	اُقْبُضوا

	active participle	
masculine	*gābiḍ*	قابِض
feminine	*gābḍa*	قابْضَة
plural	*gābḍīn*	قابْضين

كُنْت أمْزح معو، بسّ هُوَّ قبضْها جدّ.

I was joking with him, but he took it seriously.

صاحْبي نِفسو يْصير يُقْبُض مصاري أكْتر.

My friend hopes to earn more money.

أكم بْتُقْبُض إنْتَ؟

How much do you get paid?

اُقْبُضي راتْبِك، بعْديْن روحي عالدُّكّانة.

Get paid and then go to the shop.

شو كُلّ هاد! شكْلك قابِض.

What's all of that! It looks like you got paid.

80 *sound measure I* **to kill** قَتَل

	perfect		imperfect		bi-imperfect	
ána	*gatálit*	قَتَلِت	*ágtul*	أَقْتُل	*bágtul*	بَقْتُل
íħna	*gatálna*	قَتَلْنا	*núgtul*	نُقْتُل	*bnúgtul*	بْنُقْتُل
ínta	*gatálit*	قَتَلِت	*túgtul*	تُقْتُل	*btúgtul*	بْتُقْتُل
ínti	*gatálti*	قَتَلْتي	*túgtuli*	تُقْتُلي	*btúgtuli*	بْتُقْتُلي
íntu	*gátalu*	قَتَلْتوا	*túgtulu*	تُقْتُلوا	*btúgtulu*	بْتُقْتُلوا
húwwa	*gátal*	قَتَل	*yúgtul*	يُقْتُل	*byúgtul*	بْيُقْتُل
híyya	*gátlat*	قَتْلَت	*túgtul*	تُقْتُل	*btúgtul*	بْتُقْتُل
húmma	*gátalu*	قَتَلوا	*yúgtulu*	يُقْتُلوا	*byúgtulu*	بْيُقْتُلوا

	imperative	
ínta	*úgul*	اُقْتُل
ínti	*úguli*	اُقْتُلي
íntu	*úgulu*	اُقْتُلوا

	active participle	
masculine	*gātil*	قاتِل
feminine	*gātla*	قاتْلَة
plural	*gātlīn*	قاتْلين

أدْهم قتل مرتو وانْحبس.

Adham killed his wife and went to prison.

تعال معي نُقْتُل الفار.

Come with me; let's kill the mouse.

مها خوّيفة، بْتُقْتُلِش (ما بْتُقْتُل) صرْصور.

Maha is a coward. She won't kill a cockroach.

اُقْتُلوا هاد النّمِل.

Kill these ants.

إنْتَ قاتِل البِّسّة اللي كانت عالسُّطُح؟!

Did you kill the cat that was on the roof?!

81 *sound measure I* **to be able to** قِدِر

	perfect		imperfect		bi-imperfect	
ána	*gdírit*	قْدِرت	*ágdar*	أَقْدَر	*bágdar*	بَقْدَر
íђna	*gdírna*	قْدِرْنا	*nígdar*	نِقْدَر	*bnígdar*	بْنِقْدَر
ínta	*gdírit*	قْدِرت	*tígdar*	تِقْدَر	*btígdar*	بْتِقْدَر
ínti	*gdírti*	قْدِرْتي	*tígdari*	تِقْدَري	*btígdari*	بْتِقْدَري
íntu	*gdírtu*	قْدِرْتوا	*tígdaru*	تِقْدَروا	*btígdaru*	بْتِقْدَروا
húwwa	*gídir*	قِدِر	*yígdar*	يِقْدَر	*bígdar*	بيقْدَر
híyya	*gídrat*	قِدْرَت	*tígdar*	تِقْدَر	*btígdar*	بْتِقْدَر
húmma	*gídru*	قِدْروا	*yígdaru*	يِقْدَروا	*bígdaru*	بيقْدَروا

	imperative	
ínta	*ígdar*	اِقْدَر
ínti	*ígdari*	اِقْدَري
íntu	*ígdaru*	اِقْدَروا

	active participle	
masculine	*gādir*	قادِر
feminine	*gādra*	قادْرَة
plural	*gādrīn*	قادْرين

أنا حكيْتْلو يِحْمِل الكُرْسي بسّ ما قِدْرِش (ما قِدِر).

I told him to lift the chair, but he couldn't.

زمان كُنْتي تِقْدري تِجْري أسْرع.

You used to be able to run faster.

إنْتَ بْتِقْدرِش (ما بْتِقْدر) تِطْلع عالشّجرة.

You can't climb the tree.

مالك، مِش قادِر تْشيلْها؟

What's going on, you can't lift it?

أنا بقْدر أصلِّح الكُمْبْيوتر.

I can fix the computer.

defective measure I — to read — قَرا

	perfect		imperfect		bi-imperfect	
ána	garēt	قَرَيْت	ágra	أَقْرا	bágra	بَقْرا
íḥna	garēna	قَرَيْنا	nígra	نِقْرا	bnígra	بْنِقْرا
ínta	garēt	قَرَيْت	tígra	تِقْرا	btígra	بْتِقْرا
ínti	garēti	قَرَيْتي	tígri	تِقْري	btígri	بْتِقْري
íntu	garētu	قَرَيْتوا	tígru	تِقْروا	btígru	بْتِقْروا
húwwa	gára	قَرا	yígra	يِقْرا	bígra	بيِقْرا
híyya	gárat	قَرَت	tígra	تِقْرا	btígra	بْتِقْرا
húmma	gáru	قَروا	yígru	يِقْروا	bígru	بيِقْروا

	imperative			active participle	
ínta	ígra	اِقْرا	masculine	gāri	قاري
ínti	ígri	اِقْري	feminine	gārya	قارْيَة
íntu	ígru	اِقْروا	plural	gāryīn	قارْيين

بِسْمة قرت القِصّة لأخوها أمير.
Basma read the story to her brother Ameer.

قُل لسامِر ما يِقْراش (ما يِقْرا) بْصوْت عالي.
Tell Samer not to read out loud.

إخْواتك بيِقْروا وَلّا بيِلْعبوا؟
Are your brothers studying or playing?

اِقْرا! مِش ضايِل وَقِت للامْتِحان.
Study! There's no time left for the exam.

عُلا راحت عالامْتِحان وهِيّ مِش قارْيَة.
Ola went to the exam without studying.

sound measure I   **to sit**   قَعَّد

	perfect			imperfect			bi-imperfect	
ána	ga3ádit	قَعَدْت	ág3ud	أَقْعُد	bág3ud	بَقْعُد
íḥna	ga3ádna	قَعَدْنا	núg3ud	نُقْعُد	bnúg3ud	بْنُقْعُد
ínta	ga3ádit	قَعَدْت	túg3ud	تُقْعُد	btúg3ud	بْتُقْعُد
ínti	ga3ádti	قَعَدْتي	túg3udi	تُقْعُدي	btúg3udi	بْتُقْعُدي
íntu	ga3ádtu	قَعَدْتوا	túg3udu	تُقْعُدوا	btúg3udu	بْتُقْعُدوا
húwwa	gá3ad	قَعَد	yúg3ud	يُقْعُد	búg3ud	بيُقْعُد
híyya	gá3at	قَعَدَت	túg3ud	تُقْعُد	btúg3ud	بْتُقْعُد
húmma	gá3adu	قَعَدوا	yúg3udu	يُقْعُدوا	búg3udu	بيُقْعُدوا

	imperative			active participle	
ínta	úg3ud	اُقْعُد	masculine	gā3id	قاعِد
ínti	úg3udi	اُقْعُدي	feminine	gā3da	قاعْدَة
íntu	úg3udu	اُقْعُدوا	plural	gā3dīn	قاعْدين

إنْتو قعدْتوا على هدوْل الكراسي؟
Did you sit on these chairs?

قُل لأخوك ما يُقْعُدش (ما يُقْعُد) هان.
Tell your brother not to sit here.

أميرة قعْدت كْتير في الدّار في الحَجَر.
Ameera stayed at home a lot during quarantine.

اُقْعُدوا تْعشّوا معْنا.
Come join us for dinner.

مالِك لِسّا قاعِد بيحِلّ في واجْبو.
Malik is still doing his homework.

83 | Palestinian Arabic Verbs

84A *hollow measure I* **to be** كان

	perfect		imperfect		bi-imperfect	
ána	*kúnit*	كُنِت	*akūn*	أكون	*bakūn*	بَكون
íḥna	*kúnna*	كُنّا	*nkūn*	نْكون	*binkūn*	بِنْكون
ínta	*kúnit*	كُنِت	*tkūn*	تْكون	*bitkūn*	بِتْكون
ínti	*kúnti*	كُنْتي	*tkūni*	تْكوني	*bitkūni*	بِتْكوني
íntu	*kúntu*	كُنْتوا	*tkūnu*	تْكونوا	*bitkūnu*	بِتْكونوا
húwwa	*kān*	كان	*ykūn*	يْكون	*bikūn*	بيكون
híyya	*kānat*	كانَت	*tkūn*	تْكون	*bitkūn*	بِتْكون
húmma	*kānu*	كانوا	*ykūnu*	يْكونوا	*bikūnu*	بيكونوا

	imperative	
ínta	*kūn*	كون
ínti	*kūni*	كوني
íntu	*kūnu*	كونوا

	active participle	
masculine	*kāyin*	كاين
feminine	*kāyni*	كايْنِة
plural	*kāynīn*	كايْنين

① The bi-imperfect of this verb is used for habits or the future, as in the third example below.

② To express *to be* (*am, is, are*) in the present tense, see the next page.

③ A perfect or imperfect form of this verb follows another verb to create compound tenses. ➲ **Compound Tenses** *p. 118*

وِيْن كُنِت إمْبارِح بِاللّيْل؟
Where were you last night?

صاحْبي بيحِبِّش يْكون بخيل.
My friend doesn't like to be stingy.

عادي، اِتّصِل عليّا السّاعة تمانْيَة، بكونِش (ما بكون) نايِم.
It's okay; call me at eight. I won't be sleeping.

كونوا هان بُكْرا الصُّبِح.
Be here tomorrow morning.

إنْتو وِيْن كايْنين؟
Where have you been?

84[B] am/is/are (not) كان

positive		negative	
ána	أَنا	*ána miš*	أَنا مِش
íħna	إحْنا	*íħna miš*	إحْنا مِش
ínta	إنْتَ	*ínta miš*	إنْتَ مِش
ínti	إنْتي	*ínti miš*	إنْتي مِش
íntu	إنْتو	*íntu miš*	إنْتو مِش
húwwa	هُوَّ	*húwwa miš*	هُوَّ مِش
híyya	هِيَّ	*híyya miš*	هِيَّ مِش
húmma	هُمَّ	*húmma miš*	هُمَّ مِش

⚠

① There is no equivalent of *am, is, are*. It is simply absent from the sentence. For example, *'The book is on the table. It is heavy.'* would literally be *'The book on the table. It heavy.'*
② The subject can be a noun or an independent pronoun, as shown in the table on the left and in the examples below.
③ The subject noun or pronoun is followed by مِش *miš* in the negative (*am not, isn't, aren't).*
④ مِش *miš* is also used to negate active participles, as in the last example below.

أنا تعْبان كْتير.
I'm so tired.

إحْنا شوْبانين.
We are hot.

إنْتَ مجْنون.
You're crazy.

حسن في المحلّ.
Hasan is in the shop.

رهف مِش شاطْرة بِالمدْرسة.
Rahaf is not good at school.

بسْمة مُغنية رهيبة.
Basma is a great singer.

إنْتو مِش في الجامْعة؟
Aren't you at the university?

تِقْلقِش، المَوْضوع مِش مُهِمّ.
Don't worry; it's not important.

إنْتَ مِش طالِب أكِل مِن المطْعم؟
Haven't you ordered food from the restaurant?

عمّي مِش مُهنْدِس.
My uncle isn't an engineer.

⚠ The verb كان *kān* is also used in pseudo-verb constructions. ➲ **T-103-107**

85 *sound measure I* **to write** كَتَب

	perfect		imperfect		bi-imperfect	
ána	*katábit*	كَتَبِت	*áktib*	أَكْتِب	*báktib*	بَكْتِب
íḫna	*katábna*	كَتَبْنا	*níktib*	نِكْتِب	*bníktib*	بْنِكْتِب
ínta	*katábit*	كَتَبِت	*tíktib*	تِكْتِب	*btíktib*	بْتِكْتِب
ínti	*katábti*	كَتَبْتي	*tíktibi*	تِكْتِبي	*btíktibi*	بْتِكْتِبي
íntu	*katábtu*	كتبتوا	*tíktibu*	تِكْتِبوا	*btíktibu*	بْتِكْتِبوا
húwwa	*kátab*	كَتَب	*yíktib*	يِكْتِب	*bíktib*	بيكْتِب
híyya	*kátbat*	كَتْبَت	*tíktib*	تِكْتِب	*btíktib*	بْتِكْتِب
húmma	*kátabu*	كَتَبوا	*yíktibu*	يِكْتِبوا	*bíktibu*	بيكْتِبوا

	imperative	
ínta	*íktib*	اِكْتِب
ínti	*íktibi*	اِكْتِبي
íntu	*íktibu*	اِكْتِبوا

	active participle	
masculine	*kātib*	كاتِب
feminine	*kātba*	كاتْبَة
plural	*kātbīn*	كاتْبين

مين كتب إسْمي هان؟

Who wrote my name here?

قُل لإبْنك ما يِكْتِبِش (ما يِكْتِب) في دفْتري.

Tell your son not to write in my notebook.

إنْتي بْتِكْتِبي عربي وَلّا إنْجْليزي؟

Are you writing in Arabic or English?

اِكْتِبوا أساميكو على وَرقةْ الأسْئِلة.

Write your names on the worksheet.

لَيْش مِش كاتِب تاريخ ميلادك؟

Why didn't you write your birth date?

86 *sound measure I* to lie كَذَب

	perfect		imperfect		bi-imperfect	
ána	*kazábit*	كَذَبِت	*ákzib*	أَكْذِب	*bákzib*	بَكْذِب
íħna	*kazábna*	كَذَبْنا	*níkzib*	نِكْذِب	*bníkzib*	بْنِكْذِب
ínta	*kazábit*	كَذَبِت	*tíkzib*	تِكْذِب	*btíkzib*	بْتِكْذِب
ínti	*kazábti*	كَذَبْتي	*tíkzibi*	تِكْذِبي	*btíkzibi*	بْتِكْذِبي
íntu	*kazábtu*	كَذَبْتوا	*tíkzibu*	تِكْذِبوا	*btíkzibu*	بْتِكْذِبوا
húwwa	*kázab*	كَذَب	*yíkzib*	يِكْذِب	*bíkzib*	بيكْذِب
híyya	*kázbat*	كَذْبَت	*tíkzib*	تِكْذِب	*btíkzib*	بْتِكْذِب
húmma	*kázabu*	كَذَبوا	*yíkzibu*	يِكْذِبوا	*bíkzibu*	بيكْذِبوا

	imperative	
ínta	*íkzib*	اِكْذِب
ínti	*íkzibi*	اِكْذِبي
íntu	*íkzibu*	اِكْذِبوا

	active participle	
masculine	*kāzib*	كاذِب
feminine	*kāzba*	كاذْبَة
plural	*kāzbīn*	كاذْبين

Listen carefully to the audio for the (bi-)imperfect forms to hear how *k* assimilates to *g* before *z*, a voiced consonant *j: kz* → *gz.*

مِن لمّا دخل الجامْعة صار يِكْذِب.

He started lying ever since he started college.

علي كذب على أبوه

Ali lied to his father.

أحمد بيكْذِبِش (ما بيكْذِب) بِالمرّة.

Ahmed doesn't lie at all.

بْتحداك، اِكْذِب عليّا وشوف شو يْصيرْلك.

I dare you. Lie to me and see what happens.

إنْتو كاذْبين عالإسْتاذ؟

Have you lied to the teacher?

87 *sound measure II* **to phone** كَلَّم

	perfect		imperfect		bi-imperfect	
ána	*kallámit*	كَلَّمت	*akállim*	أَكَلِّم	*bakállim*	بَكلِّم
íḫna	*kallámna*	كَلَّمْنا	*nkállim*	نْكَلِّم	*binkállim*	بِنْكَلِّم
ínta	*kallámit*	كَلَّمت	*tkállim*	تْكَلِّم	*bitkállim*	بِتْكَلِّم
ínti	*kallámti*	كَلَّمْتي	*tkállmi*	تْكَلّْمي	*bitkállmi*	بِتْكَلّْمي
íntu	*kallámtu*	كَلَّمْتوا	*tkállmu*	تْكَلّْموا	*bitkállmu*	بِتْكَلّْموا
húwwa	*kállam*	كَلَّم	*ykállim*	يْكَلِّم	*bikállim*	بيْكَلِّم
híyya	*kállamat*	كَلَّمَت	*tkállim*	تْكَلِّم	*bitkállim*	بِتْكَلِّم
húmma	*kállamu*	كَلَّموا	*ykállmu*	يْكَلّْموا	*bikállmu*	بيْكَلّْموا

	imperative	
ínta	*kállim*	كَلِّم
ínti	*kállmi*	كَلّْمي
íntu	*kállmu*	كَلّْموا

	active participle	
masculine	*mkállim*	مْكَلِّم
feminine	*mkállma*	مْكَلّْمَة
plural	*mkallmīn*	مْكَلّْمين

كلّمْتي صاحِبْتِك اليوْم؟

Did you call your friend today?

خلّيه يْكلِّم مِن جوّالك.

Let him make a call on your phone.

أخوي بيكلّْمِش (ما بيكلِّم) عُديْ صاحْبو.

My brother doesn't talk to his friend Odai.

كلِّم عمّْتك وقُلّْها إحْنا جايين نْزورْها.

Call your aunt and tell her that we're coming to visit her.

إنْتو مْكلّْمين أبوي في المَوْضوع؟

Did you talk to my dad about it?

	perfect		imperfect		bi-imperfect	
ána	*lbísit*	لْبِسِت	*álbis*	أَلْبِس	*bálbis*	بَلْبِس
íħna	*lbísna*	لْبِسْنا	*nílbis*	نِلْبِس	*bnílbis*	بْنِلْبِس
ínta	*lbísit*	لْبِسِت	*tílbis*	تِلْبِس	*btílbis*	بْتِلْبِس
ínti	*lbísti*	لْبِسْتي	*tílbisi*	تِلْبِسي	*btílbisi*	بْتِلْبِسي
íntu	*lbístu*	لْبِسْتوا	*tílbisu*	تِلْبِسوا	*btílbisu*	بْتِلْبِسوا
húwwa	*líbis*	لِبِس	*yílbis*	يِلْبِس	*bílbis*	بيلْبِس
híyya	*líbsat*	لِبْسَت	*tílbis*	تِلْبِس	*btílbis*	بْتِلْبِس
húmma	*líbsu*	لِبْسوا	*yílbisu*	يِلْبِسوا	*bílbisu*	بيلْبِسوا

	imperative	
ínta	*ílbis*	اِلْبِس
ínti	*ílbisi*	اِلْبِسي
íntu	*ílbsu*	اِلْبِسوا

	active participle	
masculine	*lābis*	لابِس
feminine	*lābsa*	لابْسَة
plural	*lābsīn*	لابْسين

أمير لِبِس أَواعي أخوه الكْبير.

Ameer put on his big brother's clothes.

قُلّو يِلْبِس بْسُرْعة.

Tell him to get dressed quickly.

صْحابي بيلْبِسوش (ما بيلْبِسوا) أَواعي ضيقة.

My friends don't wear tight clothing.

اِلْبِسي، بِدّْنا نِطْلع.

Get dressed. We're going out.

إنْتَ لابِس قميصي؟

Are you wearing my shirt?

to play لِعِب

	perfect		imperfect		bi-imperfect	
ána	*l3íbit*	لْعِبِت	*ál3ab*	أَلْعَب	*bál3ab*	بَلْعَب
íḫna	*l3íbna*	لْعِبْنا	*níl3ab*	نِلْعَب	*bníl3ab*	بْنِلْعَب
ínta	*l3íbit*	لْعِبِت	*tíl3ab*	تِلْعَب	*btíl3ab*	بْتِلْعَب
ínti	*l3íbti*	لْعِبْتي	*tíl3abi*	تِلْعَبي	*btíl3abi*	بْتِلْعَبي
íntu	*l3íbtu*	لْعِبْتوا	*tíl3abu*	تِلْعَبوا	*btíl3abu*	بْتِلْعَبوا
húwwa	*lí3ib*	لِعِب	*yíl3ab*	يِلْعَب	*bíl3ab*	بيلْعَب
híyya	*lí3bat*	لِعْبَت	*tíl3ab*	تِلْعَب	*btíl3ab*	بْتِلْعَب
húmma	*lí3bu*	لِعْبوا	*yíl3abu*	يِلْعَبوا	*bíl3abu*	بيلْعَبوا

	imperative	
ínta	*íl3ab*	اِلْعَب
ínti	*íl3abi*	اِلْعَبي
íntu	*íl3abu*	اِلْعَبوا

	active participle	
masculine	*lā3ib*	لاعِب
feminine	*lā3ba*	لاعْبَة
plural	*lā3bīn*	لاعْبين

مين ما لِعْبتِش (ما لِعْبت) هادي اللِّعْبة؟

Who hasn't played this game?

لمّا كُنْت صْغير كُنْت ألْعب في فريق المدْرسة.

When I was little, I played on the school team.

مين الفريقينْ اللي بيلْعبوا؟

Who are the two teams that are playing?

روح اِلْعب كوْرة مع صْحابك.

Go play soccer with your friends.

مين لاعِب في جوّالي؟

Who played with my phone?

90 *geminate measure I* **to turn** لَفّ

	perfect		imperfect		bi-imperfect	
ána	laffēt	لَفّيْت	alíff	أَلِفّ	balíff	بَلِفّ
íḫna	laffēna	لَفّيْنا	nliff	نْلِفّ	binlíff	بِنْلِفّ
ínta	laffēt	لَفّيْت	tliff	تْلِفّ	bitlíff	بِتْلِفّ
ínti	laffēti	لَفّيْتي	tlíffi	تْلِفّي	bitlíffi	بِتْلِفّي
íntu	laffētu	لَفّيْتوا	tlíffu	تْلِفّوا	bitlíffu	بِتْلِفّوا
húwwa	laff	لَفّ	yliff	يْلِفّ	bilíff	بيلِفّ
híyya	láffat	لَفَّت	tliff	تْلِفّ	bitlíff	بِتْلِفّ
húmma	láffu	لَفّوا	ylíffu	يْلِفّوا	bilíffu	بيلِفّوا

	imperative	
ínta	liff	لِفّ
ínti	líffi	لِفّي
íntu	líffu	لِفّوا

	active participle	
masculine	lāfif	لافِف
feminine	lāffa	لافَّة
plural	lāffīn	لافّين

ضُحى لفّت العالم كُلّو.

Duha has traveled all over the world.

قلّو ما يْلِفِّش (ما يْلِفّ) وِجْهو عليّا.

Tell him not to turn his face toward me.

بْتِمْشي دُغْري، بعْديْن بِتْلِفّ شْمال.

You will walk straight ahead and then turn left.

إنْتو لافّين كُلّ المنْطِقة؟

Did you go around the whole area?

لِفّ وشوف مين وَراك.

Turn and see who's behind you.

علي لفّ إيدو على خصِرْها.

Ali wrapped his arm around her waist.

91 *irregular defective measure I/III* **to find** لَقى

	perfect		imperfect		bi-imperfect	
ána	*lagēt*	لَقيْت	*alāgi*	أَلاقي	*balāgi*	بَلاقي
íḫna	*lagēna*	لَقيْنا	*nlāgi*	نْلاقي	*binlāgi*	بِنْلاقي
ínta	*lagēt*	لَقيْت	*tlāgi*	تْلاقي	*bitlāgi*	بِتْلاقي
ínti	*lagēti*	لَقيْتي	*tlāgi*	تْلاقي	*bitlāgi*	بِتْلاقي
íntu	*lagētu*	لَقيْتوا	*tlāgu*	تْلاقوا	*bitlāgu*	بِتْلاقوا
húwwa	*lága*	لَقى	*ylāgi*	يْلاقي	*bilāgi*	بيلاقي
híyya	*lágat*	لَقَت	*tlāgi*	تْلاقي	*bitlāgi*	بِتْلاقي
húmma	*lágu*	لَقوا	*ylāgu*	يْلاقوا	*bilāgu*	بيلاقوا

	imperative	
ínta	*lāgi*	لاقي
ínti	*lāgi*	لاقي
íntu	*lāgu*	لاقوا

	active participle	
masculine	*lāgi*	لاقي
feminine	*lāgya*	لاقْيَة
plural	*lāgyīn*	لاقْيين

⚠ This verb acts like a measure-I verb when in the perfect or as an active participle but like a measure-III verb in the (bi-)imperfect and imperative.

مين لقى الخاتِم؟

Who found the ring?

أبْصر يْلاقي جوّالو!

Who knows if he'll find his phone!

كُلّ ما نيجي بِنْلاقيش (ما بِنْلاقي) اللي بِدْنا اِيّاه.

Every time we come, we don't find what we're looking for.

لاقيني عِنْد باب المكْتبة.

Meet me at the [main] door of the library.

إنْتو لِسّا مِش لاقْيين دار تِتْأجّروها؟

You still haven't found a house to rent?

to touch لَمَس

	perfect		imperfect		bi-imperfect	
ána	*lamásit*	لَمَست	*álmis*	أَلْمِس	*bálmis*	بَلْمِس
íħna	*lamásna*	لَمَسْنا	*nílmis*	نِلْمِس	*bnílmis*	بْنِلْمِس
ínta	*lamásit*	لَمَست	*tílmis*	تِلْمِس	*btílmis*	بْتِلْمِس
ínti	*lamásti*	لَمَسْتي	*tílmisi*	تِلْمِسي	*btílmisi*	بْتِلْمِسي
íntu	*lamástu*	لَمَسْتوا	*tílmisu*	تِلْمِسوا	*btílmisu*	بْتِلْمِسوا
húwwa	*lámas*	لَمَس	*yílmis*	يِلْمِس	*bílmis*	بيلْمِس
híyya	*lámsat*	لَمْسَت	*tílmis*	تِلْمِس	*btílmis*	بْتِلْمِس
húmma	*lámasu*	لَمَسوا	*yílmisu*	يِلْمِسوا	*bílmisu*	بيلْمِسوا

	imperative	
ínta	*ílmis*	اِلْمِس
ínti	*ílmisi*	اِلْمِسي
íntu	*ílmisu*	اِلْمِسوا

	active participle	
masculine	*lāmis*	لامِس
feminine	*lāmsa*	لامْسَة
plural	*lāmsīn*	لامْسين

في حدا لمس جوّالي.

Somebody touched my phone.

اِوْعي تِلْمِسي الطّنْجِرة، لِسّا سُخْنة.

Be careful not to touch the cooking pot. It's still hot.

أنا بلْمِسِش (ما بلْمِس) حاجات غيْري.

I don't touch other people's belongings.

اِلْمِسي شاشِةْ التِّلْفِزْيوْن.

Touch the TV screen.

إحْنا مِش لامْسين حدّ بِالمرّة.

We won't touch anybody at all.

مين لمس الوَلد؟

Who scared the boy?

93 *sound measure I* to hold مَسَك

	perfect		imperfect		bi-imperfect	
ána	masákit	مَسَكت	ámsik	أَمْسِك	bámsik	بَمْسِك
íħna	masákna	مَسَكْنا	nímsik	نِمْسِك	bnímsik	بْنِمْسِك
ínta	masákit	مَسَكت	tímsik	تِمْسِك	btímsik	بْتِمْسِك
ínti	masákti	مَسَكْتي	tímsiki	تِمْسِكي	btímsiki	بْتِمْسِكي
íntu	masáktu	مَسَكْتوا	tímsiku	تِمْسِكوا	btímsiku	بْتِمْسِكوا
húwwa	másak	مَسَك	yímsik	يِمسِك	bímsik	بيمسِك
híyya	másakat	مَسْكَت	tímsik	تِمْسِك	btímsik	بْتِمْسِك
húmma	másaku	مَسَكوا	yímsiku	يِمسِكوا	bímsiku	بيمسِكوا

	imperative	
ínta	ímsik	اِمْسِك
ínti	ímsiki	اِمْسِكي
íntu	ímsiku	اِمْسِكوا

	active participle	
masculine	māsik	ماسِك
feminine	māska	ماسْكَة
plural	māskīn	ماسْكين

عبير رمت الكوْرة وأحْمد مسكْها.

Abeer threw the ball, and Ahmed caught it.

تِمْسِكِش (ما تِمْسِك) لِعْبِةْ أمير.

Don't hold Ameer's toy.

إنْتَ دايْماً بِتْسيب المَوْضوع وبْتِمْسِك في كِلْمة تافْهة.

You always leave the subject and hold on to a silly word.

مين ماسِك السِّلِك؟

Who's holding the wire?

اِمْسِكي هادا الكْتاب شْوَيّة.

Hold this book for a bit.

اِمْسِك أعْصابك.

Pull yourself together.

94 *defective measure I* **to walk** مَشى

	perfect		imperfect		bi-imperfect	
ána	*mašēt*	مَشيْت	*ámši*	أَمْشي	*bámši*	بَمْشي
íħna	*mašēna*	مَشيْنا	*nímši*	نِمْشي	*bnímši*	بْنِمْشي
ínta	*mašēt*	مَشيْت	*tímši*	تِمْشي	*btímši*	بْتِمْشي
ínti	*mašēti*	مَشيْتي	*tímši*	تِمْشي	*btímši*	بْتِمْشي
íntu	*mašētu*	مَشيْتوا	*tímšu*	تِمْشوا	*btímšu*	بْتِمْشوا
húwwa	*máša*	مَشى	*yímši*	يِمشي	*bímši*	بيمْشي
híyya	*mášat*	مَشَت	*tímši*	تِمْشي	*btímši*	بْتِمْشي
húmma	*mášu*	مَشوا	*yímšu*	يِمشوا	*bímšu*	بيمْشوا

	imperative	
ínta	*ímši*	اِمْشي
ínti	*ímši*	اِمْشي
íntu	*ímšu*	اِمْشوا

	active participle	
masculine	*māši*	ماشي
feminine	*māšya*	ماشْيَة
plural	*māšyīn*	ماشْيين

إمْبارِح مشيْنا للبحر.

Yesterday, we walked to the beach.

قُل لعمّك يِمْشي ويْحرِّك حالو.

Tell your uncle to walk and move his body.

ياسِر صارْلو فترْة بيمْشيش (ما بيمْشي.)

Yaser hasn't been walking for a while.

اِمْشوا نْروح نِتْغدّى.

Let's have lunch.

إنْتي ماشْيَة وَلّا راكْبة سيّارة؟

Are you walking or taking a car?

95 *hollow measure I* **to sleep** نام

	perfect		imperfect		bi-imperfect	
ána	*nímit*	نمِت	*anām*	أَنام	*banām*	بَنام
íḫna	*nímna*	نمِْنا	*nnām*	نْنام	*binnām*	بِنْنام
ínta	*nímit*	نمِت	*tnām*	تْنام	*bitnām*	بِتْنام
ínti	*nímti*	نمِْتي	*tnāmi*	تْنامي	*bitnāmi*	بِتْنامي
íntu	*nímtu*	نمِْتوا	*tnāmu*	تْناموا	*bitnāmu*	بِتْناموا
húwwa	*nām*	نام	*ynām*	يْنام	*binām*	بينام
híyya	*nāmat*	نامَت	*tnām*	تْنام	*bitnām*	بِتْنام
húmma	*nāmu*	ناموا	*ynāmu*	يْناموا	*bināmu*	بيناموا

	imperative	
ínta	*nām*	نام
ínti	*nāmi*	نامي
íntu	*nāmu*	ناموا

	active participle	
masculine	*nāyim*	نايِم
feminine	*nāyma*	نايْمَة
plural	*nāymīn*	نايْمين

بهاء ما نامِش (ما نام) مِن إمْبارِح.

Baha'a hasn't slept since yesterday.

اُسْكُت خلّي أخوك يِعْرِف يْنام.

Be quiet so your brother can sleep.

عمّي بينامِش (ما بينام) إلّا أرْبع ساعات.

My uncle only sleeps for four hours.

الي يوْميْن مِش نايِم.

I haven't slept in two days.

ناموا، بيكفّي تِتْكلّموا!

Go to sleep! Enough talking!

وَقْتيْش نمِت إمْبارِح؟

When did you go to bed last night?

to forget نِسي

	perfect		imperfect		bi-imperfect	
ána	*nsīt*	نْسيت	*ánsa*	أَنْسى	*bánsa*	بَنْسى
íħna	*nsīna*	نْسينا	*nínsa*	نِنْسى	*bnínsa*	بْنِنْسى
ínta	*nsīt*	نْسيت	*tínsa*	تِنْسى	*btínsa*	بْتِنْسى
ínti	*nsīti*	نْسيتي	*tínsi*	تِنْسي	*btínsi*	بْتِنْسي
íntu	*nsītu*	نْسيتوا	*tínsu*	تِنْسوا	*btínsu*	بْتِنْسوا
húwwa	*nísi*	نِسي	*yínsa*	يِنْسى	*bínsa*	بِينْسى
híyya	*nísyat*	نِسْيَت	*tínsa*	تِنْسى	*btínsa*	بْتِنْسى
húmma	*nísyu*	نِسْيوا	*yínsu*	يِنْسوا	*bínsu*	بِينْسوا

	imperative	
ínta	*ínsa*	اِنْسى
ínti	*ínsi*	اِنْسي
íntu	*ínsu*	اِنْسوا

	active participle	
masculine	*nāsi*	ناسي
feminine	*nāsya*	ناسْيَة
plural	*nāsyīn*	ناسْيين

إنْتَ نْسيت تِتّصِل على أحْمد؟

Did you forget to call Ahmed?

قُل لبسْمة ما تِنْساش (تِنْساش) تْجيب جوّالي.

Tell Basma not to forget to bring my phone.

صاحْبي بينْساش (ما بينْسى) إشي مِن ذِكْرَيات الطُّفولة.

My friend doesn't forget anything about childhood memories.

اِنْسوا اللي صار.

Forget about what happened.

كُنّا حنيجي، بسّ إحْنا ناسْيين المَوْعِد.

We were going to come, but we forgot what time.

97 *defective measure XI* **to show** وَرْجى

	perfect		imperfect		bi-imperfect	
ána	*warjēt*	وَرْجيْت	*awárji*	أوَرْجي	*bawárji*	بوَرْجي
íħna	*warjēna*	وَرْجيْنا	*nwárji*	نْوَرْجي	*binwárji*	بِنْوَرْجي
ínta	*warjēt*	وَرْجيْت	*twárji*	تْوَرْجي	*bitwárji*	بِتْوَرْجي
ínti	*warjēti*	وَرْجيْتي	*twárji*	تْوَرْجي	*bitwárji*	بِتْوَرْجي
íntu	*warjētu*	وَرْجيْتوا	*twárju*	تْوَرْجوا	*bitwárju*	بِتْوَرْجوا
húwwa	*wárja*	وَرْجى	*ywárji*	يْوَرْجي	*biwárji*	بيوَرْجي
híyya	*wárjat*	وَرْجَت	*twárji*	تْوَرْجي	*bitwárji*	بِتْوَرْجي
húmma	*wárju*	وَرْجوا	*ywárju*	يْوَرْجوا	*biwárju*	بيوَرْجوا

	imperative	
ínta	*wárji*	وَرْجي
ínti	*wárji*	وَرْجي
íntu	*wárju*	وَرْجوا

	active participle	
masculine	*mwárji*	مْوَرْجي
feminine	*mwárjiya*	مْوَرْجِيَة
plural	*mwarjiyyīn*	مْوَرْجِيين

⚠ Some speakers in the West Bank say فرْجى.

أخوي ما وَرْجانيش (ما وَرْجاني) كيْف بعْمِل السّلطة.

My brother didn't show me how he makes the salad.

خلّي حسن يْوَرْجيك ويْن الحمّام.

Let Hasan show you where's the restroom.

وَرْجيني شو كتبت.

Show me what you wrote.

أنا بَوَرْجيكو شو حساوي.

I'll show you what I'm going to do.

ليْش مِش مْوَرْجِيَة الفيدْيو لأُخْتِك؟

Why didn't you show the video to your sister?

	perfect		imperfect		bi-imperfect	
ána	*wṣílit*	وْصِلت	*áwṣal*	أَوْصَل	*báwṣal*	بَوْصَل
íḫna	*wṣílna*	وْصِلْنا	*nūṣal*	نوصَل	*bnūṣal*	بْنوصَل
ínta	*wṣílit*	وْصِلت	*tūṣal*	توصَل	*btūṣal*	بْتوصَل
ínti	*wṣílti*	وْصِلْتي	*tūṣali*	توصَلي	*btūṣali*	بْتوصَلي
íntu	*wṣíltu*	وْصِلْتوا	*tūṣalu*	توصَلوا	*btūṣalu*	بْتوصَلوا
húwwa	*wíṣil*	وِصِل	*yūṣal*	يوصَل	*būṣal*	بيوصَل
híyya	*wíṣat*	وِصْلَت	*tūṣal*	توصَل	*btūṣal*	بْتوصَل
húmma	*wíṣlu*	وِصْلوا	*yūṣalu*	يوصَلوا	*būṣalu*	بيوصَلوا

	imperative	
ínta	*ūṣal*	اوصَل
ínti	*ūṣali*	اوصَلي
íntu	*ūṣalu*	اوصَلوا

	active participle	
masculine	*wāṣil*	واصِل
feminine	*wāṣla*	واصْلَة
plural	*wāṣlīn*	واصْلين

⚠ Notice that the Arabic script doesn't represent the actual pronunciation of the third-person masculine singular and plural bi-imperfect verbs: بيو *bū-* The ي is written to reflect the conjugation but is not pronounced.

مين وِصْلت قبِل؟ إنْتي وَلّا هِيَّ؟

Who arrived first? You or her?

قُلّو يْحاوِل يوصل قبِل السّاعة خمْسة.

Tell him to try to arrive before 5 o'clock.

بحِبِّش النّاس اللي بْتوصلِش (ما بْتوصل) عالمعاد.

I don't like people who don't arrive on time.

ليْش مِش واصْلين لهلْقيْت؟

Why haven't you arrived yet?

أوصلي عِنْد المحلّ وكلّْميني.

Arrive at the shop and call me.

to promise وَعَد

	perfect		imperfect		bi-imperfect	
ána	wa3ádit	وَعَدت	áw3id	أَوْعِد	báw3id	بَوْعِد
íḫna	wa3ádna	وَعَدْنا	nū3id	نوعِد	bnū3id	بْنوعِد
ínta	wa3ádit	وَعَدت	tū3id	توعِد	btū3id	بْتوعِد
ínti	wa3ádti	وَعَدْتي	tū3idi	توعِدي	btū3idi	بْتوعِدي
íntu	wa3ádtu	وَعَدْتوا	tū3idu	توعِدوا	btū3idu	بْتوعِدوا
húwwa	wá3ad	وَعَد	yū3id	يوعِد	bū3id	بيوعِد
híyya	wá3dat	وَعْدَت	tū3id	توعِد	btū3id	بْتوعِد
húmma	wá3adu	وَعَدوا	yū3idu	يوعِدوا	bū3idu	بيوعْدوا

	imperative	
ínta	íw3id	اوْعِد
ínti	íw3idi	اوْعِدي
íntu	íw3idu	اوْعِدوا

	active participle	
masculine	wā3id	واعِد
feminine	wā3da	واعْدَة
plural	wā3dīn	واعْدين

أحْمد وعلي وَعدوا بعض يْضلّهُم صْحاب.

Ahmed and Ali promised each other to stay friends.

إنْتَ بِتْضلّك توعِدني، بسّ ما عُمْرك وَفّيْت بْوَعْدك.

You keep promising me, but you never kept a promise.

بَوْعِدْكاش (ما بَوْعِدك) إنّي حزورك الإسْبوع الجاي.

I won't promise you that I'll visit you next week.

اوْعِديني إنّك تْضلّي معي.

Promise me that you'll stay with me.

لازِم نْجيبْلو هدية. صِرْنا واعْدينو.

We must get him a gift, we promised him.

to fall وِقِع

	perfect		imperfect		bi-imperfect	
ána	wgí3it	وْقِعِت	áwga3	أَوْقَع	báwga3	بَوْقَع
íḫna	wgí3na	وْقِعْنا	nūga3	نوقَع	bnūga3	بْنوقَع
ínta	wgí3it	وْقِعِت	tūga3	توقَع	btūga3	بْتوقَع
ínti	wgí3ti	وْقِعْتي	tūga3i	توقَعي	btūga3i	بْتوقَعي
íntu	wgí3tu	وْقِعْتوا	tūga3u	توقَعوا	btūga3u	بْتوقَعوا
húwwa	wígi3	وِقِع	yūga3	يوقَع	būga3	بيوقَع
híyya	wíg3at	وِقْعَت	tūga3	توقَع	btūga3	بْتوقَع
húmma	wíg3u	وِقْعوا	yūga3u	يوقَعوا	būga3u	بيوقَعوا

	imperative	
ínta	ūga3	اوقَع
ínti	ūga3i	اوقَعي
íntu	ūga3u	اوقَعوا

	active participle	
masculine	wāgi3	واقِع
feminine	wāg3a	واقْعَة
plural	wāg3īn	واقْعين

مالِك وِقِع عن الدّرج.

Malik fell down the stairs.

اِنْتبِهْ عالوَلد بلاش يوقع.

Watch out for the boy, so he doesn't fall.

كُلّ ما تِلْبِسي الكعِب بْتوقعي.

Every time you wear heels, you fall.

توقعِش (ما توقع) في نفْس غلطِتي.

Don't fall into the same trap as I did.

إنْتي واقْعة وجارْحة رِجْلِك؟

Did you fall and hurt your leg?

القلم وِقِع عن الطّاوْلة.

The pen fell off the table.

to stop وَقَّف

	perfect		imperfect		bi-imperfect	
ána	waggáfit	وَقَّفت	awággif	أوَقِّف	bawággif	بوَقِّف
íħna	waggáfna	وَقَّفْنا	nwággif	نْوَقِّف	binwággif	بِنْوَقِّف
ínta	waggáfit	وَقَّفت	twággif	تْوَقِّف	bitwággif	بِتْوَقِّف
ínti	waggáfti	وَقَّفْتي	twággfi	تْوَقّْفي	bitwággfi	بِتْوَقّْفي
íntu	waggáftu	وَقَّفْتوا	twággfu	تْوَقّْفوا	bitwággfu	بِتْوَقّْفوا
húwwa	wággaf	وَقَّف	ywággif	يْوَقِّف	biwággif	بيوَقِّف
híyya	wággafat	وَقَّفَت	twággif	تْوَقِّف	bitwággif	بِتْوَقِّف
húmma	wággafu	وَقَّفوا	ywággfu	يْوَقّْفوا	biwággfu	بيوَقّْفوا

	imperative	
ínta	wággif	وَقِّف
ínti	wággfi	وَقّْفي
íntu	wággfu	وَقّْفوا

	active participle	
masculine	mwággif	مْوَقِّف
feminine	mwággfa	مْوَقّْفَة
plural	mwággfīn	مْوَقّْفين

أحْمد وَقّف سيّارْتو ونزِل مِنْها.

Ahmed stopped his car and got out of it.

قُلْها تْوَقِّف حكي، بيكفّي.

Tell her to stop talking; that's enough.

أنا بَوَقّْفِش (ما بَوَقِّف) شُغُل إلّا لمّا أخلِّص.

I don't stop working until I'm done.

وَقِّف عِنْدك، أعْطيني رُخْصِتك.

Stop where you are. Give me your license!

ليْش مْوَقّْفين أكِل؟ كمّلوا!

Why did you stop eating? Continue!

102 *sound measure I* **to stand** وِقِف

	perfect		imperfect		bi-imperfect	
ána	*wgífit*	وْقِفت	*áwgaf*	أَوْقَف	*báwgaf*	بَوْقَف
íḥna	*wgífna*	وْقِفْنا	*nūgaf*	نوقَف	*bnūgaf*	بْنوقَف
ínta	*wgífit*	وْقِفت	*tūgaf*	توقَف	*btūgaf*	بْتوقَف
ínti	*wgífti*	وْقِفْتي	*tūgafi*	توقَفي	*btūgafi*	بْتوقَفي
íntu	*wgíftu*	وْقِفْتوا	*tūgafu*	توقَفوا	*btūgafu*	بْتوقَفوا
húwwa	*wígif*	وِقِف	*yūgaf*	يوقَف	*būgaf*	بيوقَف
híyya	*wígfat*	وِقْفَت	*tūgaf*	توقَف	*btūgaf*	بْتوقَف
húmma	*wígfu*	وِقْفوا	*yūgafu*	يوقَفوا	*būgafu*	بيوقَفوا

	imperative	
ínta	*ūgaf*	اوقَف
ínti	*ūgafi*	اوقَفي
íntu	*ūgafu*	اوقَفوا

	active participle	
masculine	*wāgif*	واقِف
feminine	*wāgfa*	واقْفَة
plural	*wāgfīn*	واقْفين

شايفْين السّيّارة اللي وِقْفت؟ هادي سيّارِةْ صاحْبي.

Do you see the car that just stopped? That's my friend's car.

خلّيه يوقف، نْشوف قدّيْش طولو.

Let him stand so that we see how tall he is.

التّاكْسي الأصْفر بيوقفِش (ما بيوقف) لِكُلّ النّاس.

The yellow taxi doesn't stop for everybody.

اوقف أشوف كيْف الأَواعي عليْك.

Stand so that I can see how the clothes look on you.

ليْش واقْفين؟ اُقْعُدوا.

Why are you standing? Sit down.

103 *prepositional phrase* **to have** كان إِلو

	perfect		imperfect		present	
ána	*kān íli*	كان إِلي	*ykūn íli*	يْكون إِلي	*íli*	إِلي
íħna	*kān ílna*	كان إِلْنا	*ykūn ílna*	يْكون إِلْنا	*ílna*	إِلْنا
ínta	*kān ílak*	كان إِلَك	*ykūn ílak*	يْكون إِلَك	*ílak*	إِلَك
ínti	*kān ílik*	كان إِلِك	*ykūn ílik*	يْكون إِلِك	*ílik*	إِلِك
íntu	*kān ílku*	كان إِلْكو	*ykūn ílku*	يْكون إِلْكو	*ílku*	إِلْكُن
húwwa	*kān ílu*	كان إِلو	*ykūn ílu*	يْكون إِلو	*ílu*	إِلو
híyya	*kān ílha*	كان إِلْها	*ykūn ílha*	يْكون إِلْها	*ílha*	إِلْها
húmma	*kān ílhum*	كان إِلْهُم	*ykūn ílhum*	يْكون إِلْهُم	*ílhum*	إِلْهُم

⚠ In prepositional phrases, the verb كان *kān* is invariable, remaining in the third-person singular form, and unexpressed in the present tense ➲ **T-84[B]**

هُمَّ كان إِلْهُم محلّ في هادي المنْطِقة.

They used to have a shop in this area.

أنا لمّا رحلِت، مكانِش (ما كان) إلي شهْرين ساكِن.

When I moved out, I hadn't even been living there for two months.

مرْيَم نِفْسْها تْكون إلْها دار لحالْها.

Mariam hopes to own a house for herself.

هِيّ الدُّكّانة هديك إلْكو؟

Is that shop yours?

ملْكاش (ما إلك) عِنْدي حاجة.

I don't owe you anything.

صْحابي بِتْمنّوا يْصير إلْهُم سيّارات.

My friends hope to have their own cars.

104 *pseudo-verb* **to want** كان بِدّو

	perfect		imperfect		present	
ána	*kúnit bíddi*	كُنت بِدّي	*akūn bíddi*	أَكون بِدّي	*bíddi*	بِدّي
íḫna	*kúnna bíddna*	كُنّا بِدْنا	*nkūn bíddna*	نْكون بِدْنا	*bíddna*	بِدْنا
ínta	*kúnit bíddak*	كُنت بِدَّك	*tkūn bíddak*	تْكون بِدَّك	*bíddak*	بِدَّك
ínti	*kúnti bíddik*	كُنْتي بِدِّك	*tkūni bíddik*	تْكوني بِدِّك	*bíddik*	بِدِّك
íntu	*kúntu bíddku*	كُنْتوا بِدْكو	*tkūnu bíddku*	تْكونوا بِدْكو	*bíddku*	بِدْكو
húwwa	*kān bíddu*	كان بِدّو	*ykūn bíddu*	يْكون بِدّو	*bíddu*	بِدّو
híyya	*kānat bíddha*	كانَت بِدْها	*tkūn bíddha*	تْكون بِدْها	*bíddha*	بِدْها
húmma	*kānu bíddhum*	كانوا بِدْهُم	*ykūnu bíddhum*	يْكونوا بِدْهُم	*bíddhum*	بِدْهُم

⚠

① The pseudo-verb بِدّو *bíddu* forms a construction using the verb كان *kān,* which most Palestinian conjugate, although some in the West Bank keep كان *kān* invariable, in the third-person singular form.

② The verb كان *kān* is unexpressed in the present. ➲ T-84B

قال علي كان بِدّو ايّاني؟

Did Ali really ask for me?

بسّ إحْنا ما كُنّاش (ما كُنّا) بِدْنا ايّاها هيْك.

But we didn't want it like this.

سمر بسّ تِكْبر بِدْها تْصير فنّانة.

Samar wants to become an artist when she grows up.

أنا بِدّي آكُل.

I want to eat.

صْحابي بِدْهُمِش (ما بِدْهُم) ييجوا معْنا.

My friends don't want to come with us.

إبْنِك بسّ يْصير في الجامْعة حَيْصير بِدّو مصاريف كْتير.

Your son will require a lot of expenses when he enters university.

بِدّي وَقِت كْتير في هادا الشُّغُل.

This work takes me a lot of time.

وَقتيْش بِدْها تْخلِّص مِن التّنْضيف؟

When will she finish up cleaning?

105 *prepositional phrase* **to have** كان عِنْدو

	perfect		imperfect		present	
ána	*kān 3índi*	كان عِنْدي	*ykūn 3índi*	يْكون عِنْدي	*3índi*	عِنْدي
íḫna	*kān 3ínna*	كان عِنّا	*ykūn 3ínna*	يْكون عِنّا	*3ínna*	عِنّا
ínta	*kān 3índak*	كان عِنْدَك	*ykūn 3índak*	يْكون عِنْدَك	*3índak*	عِنْدَك
ínti	*kān 3índik*	كان عِنْدِك	*ykūn 3índik*	يْكون عِنْدِك	*3índik*	عِنْدِك
íntu	*kān 3índku*	كان عِنْدْكو	*ykūn 3índku*	يْكون عِنْدْكو	*3índku*	عِنْدْكو
húwwa	*kān 3índu*	كان عِنْدو	*ykūn 3índu*	يْكون عِنْدو	*3índu*	عِنْدو
híyya	*kān 3índha*	كان عِنْدْها	*ykūn 3índha*	يْكون عِنْدْها	*3índha*	عِنْدْها
húmma	*kān 3índhum*	كان عِنْدْهُم	*ykūn 3índhum*	يْكون عِنْدْهُم	*3índhum*	عِنْدْهُم

⚠

① In prepositional phrases, the verb كان *kān* is invariable, remaining in the third-person singular form, and unexpressed in the present tense ➲ **T-84**[B]

② There are three prepositional structures to express 'have'. This is the most common. ➲ Compare to **T-103** and **T-107**.

أبو صاحْبي كان عِنْدو سيّارات كْتير.

My friend's father had a lot of cars.

أنا ما كانِش (ما كان) عِنْدي بسْكليْتّ.

I didn't use to have a bicycle.

ليْش نِفْسك يْكون عِنْدك مصْنع أَواعي؟

Why do you hope to have a textile factory?

أميرة عِنْدْها تلْت كْلاب.

Ameera has three dogs.

وْلاد عمّي ما عِنْدْهُمِش (ما عِنْدْهُم) بِسّة.

My cousins don't have a cat.

أنا وإخْواتي نِفْسْنا يْصير عِنّا شرِكْة.

My brothers and I hope to have [our own] company.

106 *prepositional phrase* **there to be** كان في

	perfect		imperfect		present	
positive	*kān fī*	كان في	*ykūn fī* *yṣīr fī*	يْكون في يْصير في	*fī*	في
negative					*fiš* *mā fī*	فِش ما في

① In prepositional phrases, the verb كان *kān* is invariable, remaining in the third-person singular form, and unexpressed in the present tense ➲ **T-84B**

② This structure is used before an indefinite subject, as in the fourth example.

③ Alongside the regularly formed negative in the present tense (ما في *mā fī* 'there is/are not'), a second, irregular form–فِش *fiš*–is also common.

بتْذكّر كان في دار هان، وين راحت؟

I remember that there was a house here. Where did it go?

بسّ ما كانِش (ما كان) في حدا لمّا جيت.

But there wasn't anybody here when I came.

نِفْسي مرّة يْكون في فِلِم حِلو في السّينما.

I wish there would be a nice movie at the cinema for once.

في وَرْد كْتير في الحديقة.

There are a lot of flowers in the garden. = A lot of flowers are in the garden.

فِش (ما في) وَلا شُرْطي في الشّارِع.

There isn't a single police officer on the street.

وَقْتيْش يْصير في دُكّانة في حارِتْنا؟

When is there going to be a store in our neighborhood?

107 *pseudo-verb* **to have** كان معو

	perfect		imperfect		present	
ána	*kān má3i*	كان مَعي	*ykūn má3i*	يْكون مَعي	*má3i*	مَعي
íḫna	*kān má3na*	كان مَعْنا	*ykūn má3na*	يْكون مَعْنا	*má3na*	مَعْنا
ínta	*kān má3ak*	كان مَعَك	*ykūn má3ak*	يْكون مَعَك	*má3ak*	مَعَك
ínti	*kān má3ik*	كان مَعِك	*ykūn má3ik*	يْكون مَعِك	*má3ik*	مَعِك
íntu	*kān má3ku*	كان مَعْكو	*ykūn má3ku*	يْكون مَعْكو	*má3ku*	مَعْكو
húwwa	*kān má3u*	كان مَعو	*ykūn má3u*	يْكون مَعو	*má3u*	مَعو
híyya	*kān má3ha*	كان مَعْها	*ykūn má3ha*	يْكون مَعْها	*má3ha*	مَعْها
húmma	*kān má3hum*	كان مَعْهُم	*ykūn má3hum*	يْكون مَعْهُم	*má3hum*	مَعْهُم

⚠ In prepositional phrases, the verb كان *kān* is invariable, remaining in the third-person singular form, and unexpressed in the present tense ➲ **T-84**[B]

أكم كان معْكو مصاري إمْبارِح؟

How much money did you have yesterday?

قبِل سنة مكانِش (ما كان) معْها وَلا شِهادة.

A year ago, she didn't have a single certificate.

نِفْسي مرّة يْكون معك وَلّاعة.

I wish for once you'd have a lighter on you.

كُلّ هدوْل الشّباب معْهُم أمْراض.

All these guys have diseases.

نِفْسي يْصير معي مِليوْن دوْلار.

I hope to have a million dollars.

معْكاش (ما معك) فكّة؟

Don't you have change?

إذا بِتْضلّك تاكُل أكِل مِش صِحّي حَيْصير معك أمْراض.

If you keep eating unhealthy food, you'll have health issues.

Personal Pronouns

Independent Pronouns

Palestinian Colloquial Arabic (PCA) has eight *persons,* which means there are eight pronouns and eight conjugations for each tense. The following table shows the eight *independent* pronouns, that is, pronouns as independent words, and not prefixes or suffixes.

PCA		English	
ána	أَنا	I	*first-person masculine/feminine singular*
íħna	إِحْنا	we	*first-person masculine/feminine dual/plural*
ínta	إِنْتَ	you	*second-person masculine singular*
ínti	إِنْتي	you	*second-person feminine singular*
íntu	إِنْتو	you (guys)	*second-person masculine/feminine dual/plural*
húwwa	هُوّ	he; it	*third-person masculine singular*
híyya	هِيّ	she; it	*third-person feminine singular*
húmma	هُمّ	they	*third-person masculine/feminine dual/plural*

⚠ Compared to Modern Standard Arabic, Palestinian Arabic has four fewer pronouns, as the dual is absorbed into the plural, which is used for both genders.

PCA	MSA
إِنْتو	أَنْتُما / أَنْتُمْ / أَنْتُنَّ
هُمّ	هُما / هُمْ / هُنَّ

➲ *You can hear the pronunciation of the independent pronouns on audio track 84B* (**T-84B**).

Keep in mind that a conjugated verb contains a prefix and/or suffix which specifies the subject of the verb, so subject pronouns are not usually necessary. Independent pronouns are only used before conjugated verbs to emphasize the subject. Compare the following:

baħíbbak.	بحِبّك.	I love you.
ána baħíbbak.	أنا بحِبّك.	I love you.

Although independent pronouns usually refer to the subject of a verb, they can also be used to emphasize the object when following an object pronoun suffix.

baḫíbbak ínta.	بحِبّك إنْتَ.	I love **you**.

Independent pronouns are more commonly used in the absence of a conjugated verb: in isolation, before active participles, and in sentences without a verb. (The verb *to be* is not normally expressed in the present tense in Arabic. ➲ **T-84B**)

mīn? ána?	مين؟ أنا؟	Who? Me?
húwwa lāzim yākul.	هُوَّ لازِم ياكُل.	He must eat.
híyya ḫílwa ktīr.	هِيَّ حِلْوَة كْتير.	She is very beautiful.

Suffixed Pronouns

Subject Pronoun Suffixes

There are two sets of subject pronoun suffixes. One is used in conjugations of the perfect tense (➲ **The Perfect Tense** *p. 111*), while the other is used for the imperfect. (➲ **The Imperfect Tense** *p. 113*).

Direct Object Pronoun Suffixes

Object pronoun suffixes are attached to conjugated verbs. The form some take depends on whether the verb ends in a consonant (**C**) or vowel (**V**).

šāf	شاف	he saw
šāfni.	شافْني.	He saw me.
šāfu.	شافو.	He saw it.
lága	لقى	he found
lagāni.[1]	لقاني.	He found me.
lagā.	لقاه.	He found it.

[1] a preceding vowel is lengthened

[2] also commonly spelled ـُه

persons	C+		V+	
ána	-ni	ـني	-ni	ـني
íḫna	-na	ـنا	-na	ـنا
ínta	-ak	ـَك	-k	ـك
ínti	-ik	ـِك	-ki	ـكي
íntu	-ku	ـكو	-ku	ـكو
húwwa	-u	ـو[2]	-	ـه
híyya	-ha	ـها	-ha	ـها
húmma	-hum	ـهُم	-hum	ـهُم

Indirect Object Pronoun Suffixes

ána	-*li*	ـلي
íħna	-*ilna*	ـِلْنا
ínta	-*lak*	ـلَك
ínti	-*lik*	ـلِك
íntu	-*ilku*	ـِلْكو
húwwa	-*lu*	ـلو
híyya	-*ilha*	ـِلْها
húmma	-*ilhum*	ـِلْهُم

Indirect object pronouns are suffixed onto the preposition ل *la-*, which, in turn, are commonly suffixed onto the verb they complement.

kátab	كتب	he wrote
katábli.	كتبْلي.	He wrote to me.
katabnālu risāla.	كتبْنالو رسالة.	We wrote him a letter.

Verb Forms and Uses

The Base Form

The base form is the most basic form of a verb, free of any prefixes or suffixes. In both Arabic and English, the base form is the form of a verb listed in dictionary entries. In English, this is the infinitive (*be, go, have, etc.*). In Arabic, the base form is the third-person masculine singular (*húwwa*) of the perfect tense. So, although the verb راح *rāħ* might literally mean *'he went'* in a sentence, when cited in isolation, its translation would be *go* or *to go*, the infinitive.

The Perfect Tense

Form

The *húwwa* form, as mentioned above, is the base form. It has no suffix. Other persons are conjugated by the addition of a suffix to this base form, as shown in this table.

In a first- or second-person conjugation, the word stress shifts to the syllable directly before the suffix.

Let's take a look at the perfect tense suffixes on the verb كتب *kátab* ('to write') on the next page:

ána	-*it*	ـِت
íħna	-*na*	ـْنا
ínta	-*it*	ـِت
ínti	-*ti*	ـْتي
íntu	-*tu*	ـْتوا
húwwa	-	
híyya	-*at*	ـَت
húmma	-*u*	ـوا

	perfect	
ána	*katábit*	كَتَبْت
íħna	*katábna*	كَتَبْنا
ínta	*katábit*	كَتَبْت
ínti	*katábti*	كَتَبْتي
íntu	*katábtu*	كَتَبْتوا
húwwa	*kátab*	كَتَب
híyya	*kátbat*	كَتْبَت
húmma	*kátabu*	كَتَبوا

Notice that the *ána* and *ínta* forms are identical, but context usually eliminates ambiguity. The *híyya* form is also written identically (when without tashkeel) but pronounced differently.

When the base form ends in ن *n*, the ensuing double consonant is written with a shadda (ّ) in the Arabic script:

sákan	سكن	he lived
sakánna	سكنّا	we lived

Negative

A perfect verb is made negative by adding the particle ما *ma* before the verb and suffixing ـِش *-(i)š* to the verb, elongating a final vowel, as in the second example below.

kátab → ma kátabiš كتب ← ما كتبِش

katábna → ma katabnāš كتبْنا ← ما كتبْناش

Use

The perfect tense specifies that the action is finished. It is equivalent to the simple past and present perfect tenses of English.

katábit irrisāla imbāriħ.	كتبت الرِّسالة إمْبارِح.	*I wrote the letter yesterday.*
rúħna hinā̄k marrtēn.	رُحْنا هِناك مرّتين.	*We have been there twice.*

The Imperfect Tense

Form

While the perfect tense is conjugated using suffixes, the imperfect tense uses prefixes. Three persons additionally add suffixes. The prefixes shown here contain the vowel *kasra* (ِ *i*), although, with a quick look through the tables in this book, you will see that there are variations, depending on the verb, that replace *kasra* with *Damma* (ُ *u*) or *sukuun* (ْ no vowel).

ána	*a-*	أَ
íḫna	*ni-*	نِـ
ínta	*ti-*	تِـ
ínti	*ti- -i*	تِـي
íntu	*ti- -u*	تِـوا
húwwa	*yi-*	يِـ
híyya	*ti-*	تِـ
húmma	*yi- -u*	يِـوا

The imperfect prefixes and suffixes are not added to the base form but an imperfect stem.

	imperfect	
ána	áktib	أَكْتُب
íḫna	níktib	نِكْتِب
ínta	tíktib	تِكْتِب
ínti	tíktibi	تِكْتِبي
íntu	tíktibu	تِكْتِبوا
húwwa	yíktib	يِكْتِب
híyya	tíktib	تِكْتِب
húmma	yíktibu	يِكْتِبوا

Use

The imperfect tense* has several uses.

① An imperfect verb can follow an *auxiliary*– an active participle, conjugated verb, or other certain types of words. The equivalent in English is modal verbs and others than can precede a second verb (which is infinitive or gerund). For example, *can go, want to eat, like dancing*. In these examples, *can, want,* and *like* function as auxiliaries, while the underlined verbs would be translated with the imperfect in Palestinian Arabic.

bígdar yíktib.	بيقْدر يِكْتِب.	He can write.
bíddha tíktib.	بِدْها تِكْتِب.	She wants to write.
binḫíbb níktib.	بِنْحِبّ نِكْتِب.	We like writing.

Examples of auxiliaries used with the imperfect can be seen in the example sentences throughout the book. The imperfect can sometimes be replaced with a verbal noun (مصْدر) after an auxiliary.

baḫíbb ágra. = baḫíbb liqrāya. بحِبّ أَقْرا. = بحِبّ الِقْرايَة. I like reading.

* also referred to as the *bare imperfect* in order to differentiate it from the *bi-imperfect*

② The imperfect is used to express the future when preceded by the prefixed particle حـ *ħa-* (*or, less commonly, by* the particle رح *raħ*).

future	positive		negative	
common	*ħa-*	حـ	*miš ħa-*	مش حـ
less common	*raħ*	رح	*ma raħ*	ما رح

ħáktib risāla. حكْتِب رِسالة. I will write a letter.
miš ħáktib risāla. مِش حكْتِب رِسالة. I won't write a letter.

③ A negative imperative (command) is expressed by adding the suffix ـِش to a second-person imperfect verb, less commonly by also adding ما *ma,* and, in the West Bank only, but even less commonly, by adding ما without ـِش.

(mā) tílmisiš jawwāli. (ما) تِلْمِسِيش جوّالي. Don't touch my phone.
(mā) trūħīš hināk la-ħālik. (ما) تْروحيش هِناك لَحالِك. Don't go there alone.

④ An imperfect verb follows certain conjunctions of purpose* and time**.

rāħat 3a-lbáħar 3ašān tísbaħ. راحت عالبحر عشان تِسْبح. She went to the beach (in order) to swim.
ána bágra 3ašān mā -sgúṭiš. أنا بقْرا عشان ما أسقُطِش. I'm studying so that I don't fail.
fátaħ iššubbāk ʔábil ma ynām. فتح الشُّبّاك قبِل ما يْنام. He opened the window before he went to bed.

* عشان *3ašān,* مِشان *mišān* 'in order to', 'so that'
** قبِل ما *ʔábil mā* 'before'; بعِد ما *bá3id mā* 'after'; بسّ *bass* 'when', لمّا 'when'

⑤ Some speakers in the West Bank use the progressive particle عم *3am,* which is equivalent to the present continuous tense of English. It refers to actions happening at the time of speaking, as well as those that are repetitive or ongoing.

3an šū 3am tíħki? عن شو عم تِحْكي؟ What are you talking about?
3áli ma 3am yħáwwiš flūsu. علي ما عم يْحوِّش فْلوسو. Ali isn't saving up his money.

The Bi-Imperfect Tense

Form

The bi-imperfect is formed by prefixing ب to conjugations of the imperfect tense. If the imperfect prefix has a vowel, the bi-imperfect prefix takes a sukuun (ْ no vowel). If the prefix has a sukuun, the bi-imperfect prefix takes a kasra (ِ i). When the imperfect conjugations that begin with يـ *y-* (the third-person masculine singular and the plural) take بـ, the result is pronounced *bi-* (and less commonly *byi-* by some speakers).

ána	*bi-*	بـِ
íḫna	*bni-*	بْنِـ
ínta	*bti-*	بْتِـ
ínti	*bti- -i*	بْتِـي
íntu	*bti- -u*	بْتِـوا
húwwa	*bi-*	بيـ
híyya	*bti-*	بْتِـ
húmma	*bi- -u*	بيـوا

tíktib → *btíktib* تِكْتِب ← بْتِكْتِب
tsákkir → *bitsákkir* تْسَكِّر ← بِتْسَكِّر
yíktib → *bíktib* يِكْتِب ← بيكْتِب
ysákkir → *bisákkir* يْسَكِّر ← بيسَكِّر

Use

① The bi-imperfect tense most often corresponds to the present simple or present continuous tenses of English, referring to general truths and habits and present actions.

bi-l3āda báṣḫa mitʔáxxar. بِالعادة بصْحى مِتْأخِّر. I usually get up late.
btíḫki 3árabi? بْتِحْكي عربي؟ Do you speak Arabic?
btígli liṣḫūn. بْتِجلي الِصْحون. She is doing the dishes.

② It is used in announcements: I promise..., I congratulate..., I swear...

báw3idak mā ʔansāk. بَوْعِدك ما أنْساك. I promise not to forget you.

③ The bi-imperfect can also refer to future, especially to convey intentions.

bass áwṣal battíṣil 3alēk. بسّ أَوْصل بتِّصِل عليْك. When I arrive, I'll call you.

Negative

The negative of both the bare imperfect and the bi-imperfect is formed by adding the suffix ـِش *-(i)š* to the verb, or adding the particle ما *ma/mā* before it. In the example sentences throughout the book, both forms are given, with the second (somewhat lesson common) variation in parentheses.

⚠ The sections above lay out the most common uses of the perfect, imperfect, and bi-imperfect tenses of Palestinian Arabic. Keep in mind that Arabic verb tenses will not always correlate directly with those of English. As you read example sentences throughout this book, you will develop a better understanding of the tenses' uses.

The Imperative

Form

The imperative is based on the imperfect tense. The positive imperative is formed by removing the ت *t* from personal prefix. If the prefix contains kasra (ِ *i*) – تِ *t–* the kasra is then written under alif: اِ

tsákkir → sákkir	تْسكّر ← سكّر
tnāmi → nāmi	تْنامي ← نامي
tírmu → írmu	تِرْموا ← اِرْموا

A couple of verbs have irregular positive imperative forms. The negative forms, however, are regular. (➲ **T-1**, **T-3**)

Negative: The negative imperative is the same as the negative imperfect, without removing the personal prefix. (➲ **The Imperfect Tense** ③ *p. 111*)

Use

Imperatives are used to give the listener a command to do something.

ta3āl hān!	تعال هان!	Come here!
íktib risāla la-3ámmtak!	اِكْتِب رِسالة لعمّتك!	Write a letter to your aunt!
tí3malūš hēk!	تِعْملوش هيْك!	Don't do that!

The Active Participle

Form

The active participle is, grammatically, an adjective derived from a verb. As an adjective, it reflects the gender and number of its subject but is not conjugated for person as a verb would be. The active participle therefore only has three forms: masculine, feminine, and plural. A subject pronoun can precede the active participle to specify person when necessary.

An adjective is made feminine by adding ـَة *-a* to the masculine form. The plural suffix is ـين *-īn*. The table below shows the active participle forms for the verb لِبِس *líbis* 'to wear', a measure I verb. Notice the pattern: the first consonant is followed by ـا *-ā*. The second consonant is followed by kasra (ِ *i*), which elides (is omitted) in the feminine and plural forms.

	active participle	
masculine	*lābis*	لابِس
feminine	*lābsa*	لابْسَة
plural	*lābsīn*	لابْسين

Non-measure I verbs have a different pattern, taking the prefix مْـ *m-* (or مِـ *mi-*). Take a look at the active participles in the tables throughout this book to see examples.

Negative: The active participle, as would be expected with adjectives, is made negative using the participle مِش *miš*.

ána miš rāyiḫ أنا مِش رايح I'm not going

Use

The active participle has several uses. It is sometimes interchangeable with other tenses to express the past, present, and future. As its usage is highly idiomatic, in addition to reading the various uses listed below, look for active participles in examples throughout the book to gain a better understanding of their natural usage.

① Verbs of motion and location are expressed with an active participle (rather than a bi-imperfect verb) when the action is happening at the moment of speaking.

ána rāyiḫ أنا رايح I'm going
(*barūḫ* بروح I go)

② The active participle can express the future.

šū 3āmil illēla?	شو عامِل اللّيْلة؟	What are you doing tonight?

③ The active participle is commonly used with verbs of mental state (know, remember, understand, feel, etc.).

ḫāsis ḫāli ta3bān.	حاسِس حالي تعْبان.	I feel good.
miš mitzákkar.	مِش مِتْزكّر.	I don't remember.

④ With verbs (except those of motion, location, or mental state), the active participle can express a past action, often with a present result, equivalent to the present perfect tense of English.

šū dāris bi-ljām3a?	شو دارِس بِالجامْعة؟	What did you study in college?
gārya kull riwayātu.	قارْيَة كُلّ رِواياتو.	She has read all of his novels.

⚠ The passive participle also exists in Palestinian Arabic. Although it is formed from verbs, its use is strictly as an adjective and are not included in the conjugation tables in this book.

Compound Tenses

Compound tenses are created by following كان *kān* 'to be' with a perfect or imperfect verb, or active participle. The most common combinations (with كان *kān* in the perfect tense) are shown in the table below, using the verb عمل *3ámal 'to do'* as an example.

compound tenses			
+ bare imperfect verb	*kān yí3mal*	كان يِعْمل	he used to do he was doing
+ bi-imperfect verb	*kān bí3mal*	كان بيعْمل	he was doing
+ future imperfect verb	*kān ḫa-yí3mal*	كان حَيِعْمل	he was going to do
+ active participle	*kān 3āmil*	كان عامِل	he had done

Both verbs are conjugated to agree with their subject.

kānu mxállṣīn wājibhum lámma wṣílit.	كانوا مْخلّصين واجِبْهُم لمّا وْصِلِت.	They had [already] finished their homework when I arrived.
kānat tnām 3ála srīr ábūha w ámmha.	كانت تْنام على سْرير أبوها وأمْها.	She used to sleep in her parents' bed.
kúntu tāklu?	كُنْتوا تاكْلوا؟	Were you eating?
kān ḫayílbis bádla.	كان حَيِلْبِس بدْلة.	He was going to wear a suit.
kúnna rāyḫīn 3a-ššúɣul,...	كُنّا رايْحين عالشُّغُل، ...	We were going [on their way] to work when...

Verb Patterns

Measures

If you have studied Modern Standard or Classical Arabic, you will already be familiar with *verb measures,* sometimes called *forms* (in Arabic: أوْزان). Palestinian Arabic also builds verbs according to patterns (grouped into these so-called 'measures'), as do all varieties of Arabic. While it is not necessary to understand verb measures in order to conjugate and use Palestinian Arabic verbs, being aware of them will help you identify commonalities among verbs—patterns that will help you memorize, internalize, and be able to reproduce correctly conjugated verbs more easily.

Arabic verbs are based on *roots,* which consist of three–and sometimes four–consonants called *radicals*. Radicals are then put into patterns (measures) to form actual words. Verbs of different measures may share a common root and have a related meaning. For example, the root و ق ف is used in measure I to form the verb وِقِف *wígif* (*'to* stand') and in measure II to form the verb وَقّف *wággaf* (*'to stop'*). Both verbs share the same root and a related meaning, namely 'lack of motion'. Measure I verbs (like وِقِف *wígif*) have short vowels but no other additions to the radicals. Measure II verbs double the second radical, ق *g*, in the example above. Other measures have their own distinctive patterns.

Following is a rundown of the measures and how they differ from each other, using the base form.

Measure I verbs are simply three radicals separated by two short vowels. Because there are several combinations of vowels used in the perfect and imperfect forms, measure I verbs are subdivided using numbers. ➲ *p. 122*

Measure II verbs double the second radical, which is followed by ◌َ *a* in the perfect and ◌ِ *i* in the imperfect. ➲ *p. 129*

Measure III verbs have the long vowel ـا *-ā* after the first radical. The second radical is followed by ◌َ *a* in the perfect and ◌ِ *i* in the imperfect. ➲ *p. 132*

Measure IV verbs begin with أ *ʔa-* in the perfect tense. This form is rather rare, limited to a few borrowings from Modern Standard Arabic. ➲ *p. 133*

Measure V verbs are similar to measure II verbs, having a doubled second radical. However, they also take the prefix اِتْ *it-*. The second radical is followed by ◌َ *a* in both the perfect and imperfect tenses. They are usually, but not always, intransitive, and can also be used as the passive of transitive measure II verbs. ➲ *p. 133*

Measure VI verbs are to measure III verbs as measure V verbs are to measure II verbs. They resemble measure III verbs, but like measure V verbs, they take the prefix اِتْ *it-*. ➲ *p. 134*

Measure VII verbs are used as the passive of measure I verbs. They begin with the prefix اِنْ *in-*. However, unlike measure I verbs, there is a single vowel pattern for measure VII verbs. That is, verbs of different subcategories of measure I will have an identical vowel pattern in the passive. ➲ *p. 134*

Measure XIII verbs insert a ت *-t-* after the first radical. ➲ *p. 135*

Measure IX verbs begin with اِ *i-* and take *'sukuun'* (◌ْ no vowel) on the first radical and double the third radical. ➲ *p. 136*

Measure X verbs begin with the prefix اِسْتَ *ista-*. ➲ *p. 136*

Measure XI verbs consist of four radicals. ➲ *p. 137*

Measure XII verbs consist of four radicals preceded by اِتْ *it-, the passive/intransitive version of measure XI verbs.* ➲ *p. 137*

Qualities

Sound verbs have three radicals, none of which are identical. Also, neither the second nor third radical is و *w* or ي *y*.

The letters و *w* and ي *y* are known as *weak radicals.* They turn into vowels (and in some positions even disappear from writing when pronounced as short vowels) in certain measures and positions.

Hollow verbs have و *w* or ي *y* as the second radical, which becomes a long *ā* in the base form of certain measures, leaving only two radicals as consonants. The *ā* is shortened in first- and second-person perfect conjugations, and it may change to another long vowel in the imperfect.

Defective verbs have و *w* or ي *y* as the third radical, which is treated as a vowel. It is short in the base form, and lengthened or replaced in certain conjugations.

Geminate verbs have the same consonant for the second and third radicals, which remain adjacent to each other as a double consonant. This causes geminate verbs to have different conjugation patterns than sound verbs do.

Irregular verbs: A handful of verbs do not fit into any of the measures. They require special attention.

Indexes

750 verbs are listed in the indexes, by pattern, alphabetically in Arabic, and by English translation. The pattern for each verb is designated by an alphanumeric indicator (1s1, 8d, etc.) Verbs which have their own tables are shown in bold and their table numbers are preceded by **T-**.

Index by Table Pattern

The tables in this book show the conjugations for dozens of the most commonly used verbs in Palestinian Arabic, but, at the same time, the patterns in these tables can be applied to other verbs with identical or nearly identical patterns, allowing you to conjugate nearly any verb in the language. This index arranges verbs into groups with common conjugation patterns.

1s1 *sound measure I* ①

بعت send; mail
بلع swallow
جرح wound, injure, hurt
جمع add, add up; harvest
خدع deceive
خشع be submissive (in prayer)
خلع snatch
دعس step, tread (on على)
T-45 **دفع** pay
دهن paint
رفع raise
زحف crawl
زرع plant (a seed), grow (a plant)
T-52 **سأل** ask
سبح swim
سحب withdraw
سمح allow, permit
شحد beg (for money)
شرح explain
شلح undress, take off (clothes), remove (clothes)
صنع manufacture
ضغط click (on على)
طبع print
طحن grind
طرح subtract
غرق sink
T-75 **فتح** open
فحص examine
فلح plow (field); work hard
قطع cross, pass
لحس lick
مدح praise (someone)
مزح joke; kid
مسح wipe, mop
منع forbid

نجح succeed

نسخ copy

نصح advise

1s2 *sound measure / ②*

بسط please, make happy

جذب attract

حبس imprison

حجز book, reserve

حرق burn

حرم deprive

حسب calculate

حقد resent

حلب milk

حلف swear

حلق shave

حمل carry

خبز bake

ختم conclude, finish; stamp

خدم serve

خلط mix

خلق create

دفن bury

رزق bless

رمش blink

سرق steal

سند support

شبك make trouble

شغل worry; occupy

صدر issue

صرف spend (money); change (money); fire, dismiss (from a job)

ظبط fit; control; work out (successfully) *(tr.)*

عجب please, appeal to

عرض offer, present

عزف play (instrument)

T-71 **عزم** invite

T-73 **غسل** wash

غفر forgive

غلب beat, defeat

غمز wink

فرض impose (on على); assume, suppose

فصص fart

فصل separate

فلت escape, get away

قسم divide

كبس staple

T-85 **كتب** write

T-86 **كذب** lie

كسر break *(tr.)*

لخم shock, confuse, dumbfound

T-92 **لمس** touch

T-93 **مسك** hold

ملك own

نزف bleed

نقل move (houses); copy; cheat (in class)

هجم attack
هلك become exhausted
وصف describe

1s3 *sound measure* / ③

T-7	**أمر**	order
	بزق	spit
	حرث	plow
	حرس	guard
	حصد	harvest
	حفر	dig
	حكم	govern
	خبز	bake
	خبط	crash
	خطف	kidnap, abduct
	خلط	mix
	درس	study
	ذكر	mention
T-47	**ربط**	bind
	رزق	bless
	رسم	draw
	رفض	refuse
	رقص	dance
	سقط	fail
	سكت	be quiet, shut up
T-57	**سكن**	live
	سلق	boil (food)
	شرد	flee, run away
	شرق	(sun) rise
	شطب	cross out
	شطف	rinse
	شعر	feel بـِ
	شقل	lift and carry
T-61	**شكر**	thank
	صبغ	dye one's hair
	صدف	happen, occur
	صرف	spend (money); change (money); fire
	ضرب	hit, beat; multiply
T-66	**طبخ**	cook
	طرد	fire
T-67	**طلب**	request
	عبط	hug
	عذر	excuse
	عطس	sneeze
	غطس	dive, submerge
	فرك	rub, polish
	فرم	chop up, mince
T-79	**قبض**	earn
T-80	**قتل**	kill
	قصد	mean
T-83	**قعد**	sit
	لقط	catch
	مرق	pass (by); stop by
	نتق	vomit, throw up
	نشر	publish; saw (wood)
	نطق	pronounce
	هبط	land
	هجر	abandon, desert
	هرب	escape

1s4 *sound measure I* ④

	بِخِل	become stingy
	تِخِن	get fat
	تعِب	get tired
	حِبِل	get pregnant
	حِزِن	mourn
T-40	**حِضِر**	watch
	حِفِظ	save (a file); memorize
	حِلِم	dream
	خِسِر	lose (a game, money)
	رِبِح	win; gain
T-48	**رِجِع**	return
	رِضِع	be breastfed, suckle
T-49	**رِكِب**	ride
	زِعِل	get angry/upset
	زِهِق	get bored
	سِكِر	get drunk
T-58	**سِمِع**	hear
	سِهِر	stay up late
	شِبِع	become full (of food)
T-60	**شِرِب**	drink
	شِرِق	choke (on بـِ), swallow the wrong way
	شِفِق	pity على
T-64	**ضِحِك**	laugh
	ضِعِف	lose weight
	ضِمِن	guarantee
T-68	**طِلِع**	ascend
	عِرِق	sweat
	عِشِق	love passionately
	عِطِش	become thirsty
T-72	**عِمِل**	do
T-77	**فِهِم**	understand
	قِبِل	accept, agree
T-81	**قِدِر**	be able to
	قِلِق	worry, be anxious
	كِبِر	grow (up); get big
	كِرِه	hate
	كِسِب	win, gain, acquire
	لِحِق	follow, chase
T-89	**لِعِب**	play
	مِرِض	get sick, fall ill
	نِدِم	regret
	نِشِف	dry *(intr.)*
	نِصِح	put on weight; get fat

1s5 *sound measure I* ⑤

	بِعِد	become far
T-70	**عِرِف**	know
T-88	**لِبِس**	wear
	نِزِل	go down; descend

1s6 *sound measure I* ⑥

T-99	**وَعد**	promise
	وَعظ	preach

1s7 *sound measure I* ⑦

	وِثِق	trust

T-98 وصِل arrive

T-100 وقِع fall

T-102 وقِف stand

1s irr. *irregular sound measure I*

أجع، يِجع hurt, cause pain to

T-2 أخد take

T-5 أكل eat

برِد، يُبْرُد get cold

1h1 *hollow measure I* ①

باض lay (an egg)

T-32 باع sell

T-35 جاب bring

زاح move out of the way

زاد increase; add *(tr.)* *(intr.)*

T-53 ساب leave

شاب turn gray

شال remove; take away; pick up, carry

صاب hit (a target); afflict

صاد fish, hunt

T-62 صار become

ضاع get lost

ضاف add

طاب recover, get better; heal, cure; be correct

طار fly

عاد repeat

عاش live

فاد be useful

قاس measure

ناك fuck

1h2 *hollow measure I* ②

باس kiss

تاب repent

ثار erupt

جاع become hungry

خان betray

داب melt, dissolve, thaw *(intr.)*

دار turn; roam around (tr./intr.)

داق taste

T-46 راح go

راق calm down

T-51 زار visit

ساق drive

شاط shoot (goal); kick (ball); burn (food)

T-59 شاف see

صام fast

طاف float; flood

طاق bear, stand, endure

طال reach

عاز need; require

غاص dive, submerge

فات enter; pass (by)

فاز win (a game)

فاق be awake

	قاد	lead
T-78	قال	say
	قامِ	rise; get up
T-84	كان	be
	لامِ	blame
	مات	die

1h3   *hollow measure I* ③

	باتِ	spend the night
	خافِ مِن	be afraid of, fear
T-95	نامِ	sleep

1d1   *defective measure I* ①

	بنى	build
	جرى	run
	جلى	wash (dishes)
	حشى	stuff, fill
T-42	حكى	speak
	حمى	protect
	دعا	pray
	رشى	bribe
T-50	رمى	throw
	سقى	water (a plant)
	شكى	complain
	ضوّى	turn on, switch on
	طفى	extinguish; turn off, switch off
	طوى	fold
	غلى	boil *(tr.)*
	قلى	fry *(tr.)*

	كوى	iron
	لغى	cancel
	محى	erase
T-94	مشى	walk
	مضى	sign
	نهى	end, finish
	نَوى	intend

1d2   *defective measure I* ②

T-33	بدا	begin
	رعى	graze; herd
T-82	قرا	read; study

1d3   *defective measure I* ③

	دِفي	warm up, become warm
	رضِي	be pleased
T-63	صِحي	wake up *(intr.)*
	غِفي	fall asleep, doze off
	غِلي	become expensive
	فِضي	become empty
T-96	نِسي	forget

1d irr.   *irregular defective measure I*

| T-1 | أجا | come |
| T-91 | لقى | find |

1g1   *geminate measure I* ①

| | بلّ | wet, dampen |
| | تفّ | spit |

جزّ shear (a sheep)

T-37 **حبّ** like

T-39 **حسّ** feel

حلّ solve

دلّ indicate, point (to على); show the way; guide

رنّ ring

زتّ throw; throw away

سبّ curse, swear

سدّ block, seal

شدّ pull; tighten; drag; attract

شمّ smell *(tr.)*

عدّ count

غشّ cheat

فكّ undo, untie, unbutton, remove

قلّ decrease, reduce *(intr.)*

كبّ pour; spill

T-90 **لفّ** turn; wrap

لمّ gather, collect

مدّ extend; stretch *(tr.)*

نفّ blow one's nose

هبّ blow; flicker

هدّ demolish, break down

هزّ shake

1g2 *geminate measure* / ②

بخّ spray

جرّ drag, pull

T-41 **حطّ** put

حكّ scratch, itch, scrape

خصّ belong; concern

خضّ shake; shock

دقّ knock; beat, palpitate; hammer; ring

ردّ reply; answer على; return; bring back

رشّ spray

زقّ push, shove

شخّ urinate, pee, piss

شكّ doubt

صبّ pour

صفّ park (a car); sort (in rows)

ضبّ tidy up, put away; gather, collect; pack (a suitcase)

ضمّ embrace; bring together

عصّ click (on على)

عضّ bite

غشّ cheat

قحّ cough

قصّ cut

كحّ cough

مرّ pass by, elapse

مصّ suck

نطّ jump

نقّ complain; nag

1g3 *geminate measure* / ③

T-65 **ضلّ** stay

2s *sound measure II*

أثّر affect; influence

أجّر rent (to لـ)

أجّل postpone

أخّر delay *(tr.)*

أدّب discipline

أذّن call to prayer

أسّس found, establish

أكّد confirm, check, verify, assure

ألّف compose

أهّل train, qualify, welcome

بدّل replace

بشّر preach (about بـ)

بطّل quit

بلّغ report, inform

بوّل urinate, pee

بيّض whiten

بيّن appear

تبّع follow (a recipe, etc.)

ثبّت fix (in place), fasten, establish

جدّد renew

جرّب try (out)

جنّد recruit, enlist

جنّن drive crazy

جهّز prepare

حدّد set, fix, define

حرّر liberate

T-38 **حرّك** move *(tr.)*

حرّم forbid (in religion)

حزّر guess

حسّن improve, make better *(tr.)*

حضّر prepare

حقّق realize, achieve; verify, check

حوّش save, put aside (money)

خبّر tell, inform

خرّب spoil, ruin; vandalize *(tr.)*

خرّط chop (up)

خزّق tear

خطّط plan

خفّف lessen, lighten, slow down *(tr.)*

T-43 **خلّص** finish, end, complete, accomplish

خوّف frighten, scare

خيّط sew

دخّن smoke

درّب train

درّس teach

دلّك massage

دمّر damage

دوّب melt, dissolve, thaw *(tr.)*

دوّر look for, search (for على)

ذكّر remind

رتّب arrange

رجّع give back, return *(tr.)*

رشّح nominate

رضّع breastfeed

رقّع patch, darn

ركّب pick up, give a ride to

ركّز concentrate

روّح go home

زبّط adjust; trim (one's beard)

زعّل anger, upset

زقّف applaud

زكّر remind

زهّق bore (make feel bored)

سبّب cause

سجّل record

سخّن heat up, warm up *(tr.)*

سدّد settle, pay off (debt)

T-56 **سكّر** close

سلّم deliver; greet على

سوّد blacken

سيّج fence in

شجّع cheer, encourage

شخّر snore

شخّص diagnose

شدّد be strict

شغّل operate, make work; hire, employ

شكّل form

شلّح undress *(tr.)*

صحّح correct

صدّق believe

صرّح state, declare

صرّف change money; break a bill, make change; inflect, conjugate, decline

صفّر whistle

صلّح repair, fix; edit, correct

صمّم design

صوّت vote

صوّر photograph; photocopy

صيّح shout

ضحّك make laugh

ضرّط fart

ضيّع lose

طرّز embroider

طلّع take out; take up(stairs)

طلّق divorce

عبّر express عن

عجّز age, grow old

عذّب torture

عرّف introduce (to على)

عصّب become angry

عفّن rot, decay *(intr.)*

علّق hang *(tr.)*

علّم teach

عمّد baptize

عمّر build

عيّط cry; yell, shout, scream

عينّ appoint

غمّض close (eyes)

T-74 **غيرّ** change

فسّر explain

فضّل prefer

T-76 **فكّر** think

فوّت let in, admit; put in

قارن compare

قدّر appreciate; estimate, value

قدّم present, offer; submit; apply (to على)

قرّر decide

قطّع cut

قفّل lock

قلّل reduce, decrease *(tr.)*

كبرّ enlarge

كترّ increase *(tr.)*

كشّر frown

كلّف cost *(intr.)*

T-87 **كلّم** phone

كمّل continue

كنّس sweep

كوّن create, form

لحّق manage (to do); catch up with

لحّن tune (an instrument)

لوّن color

مثّل act, perform; represent

مشّط comb

موّل finance

ميّز distinguish

نبّه warn

نزّل download; make lower; drop off

نشّف dry *(tr.)*

نضّف clean

نظّم organize

نفّذ carry out, perform

نكّت joke

هرّب smuggle

وَدّع bid farewell

وَسّع widen

وَصّل deliver

وَظّف employ

وَفّر provide; supply

وَقّع drop; sign

وَقّف stop *(tr.)*

T-101 **وَقّف** stop

وَلّد give birth

وَلّع light (a cigarette)

2d *defective measure II*

أدّى perform, carry out

برّى sharpen a pencil

خبّى hide

T-44 **خلّى** let, make

ربّى bring up, raise

سلّى entertain

سمّى name, call

شتّى rain

صحّى wake (up), rouse *(tr.)*

صلّى pray (ritual prayer)

طفّى extinguish; turn off, switch off

عبّى fill; fill in (a form), fill out (a form)

علّى turn up (the volume); make high

غطّى cover

غنّى sing

فضّى empty, vacate; unpack *(tr.)*

كفّى be enough, suffice

مضّى spend (time)

ملّى fill (up)

نجّى rescue

نقّى pick, choose, select

وَدّى send, take, bring

وَطّى lower

3s *sound measure III*

آمن believe (in بِـ)

بادر initiate

بادل reciprocate

بارك bless

جادل argue (about على)

جاوَب answer, reply, respond to

حافظ maintain على

T-36 **حاوَل** try

دافع defend

دايَن lend (money)

راجع check, revise, review

رافق accompany

راهن bet

T-54 **ساعد** help

سافر travel

سامح forgive

ساوم haggle over, bargain

صادف run into, meet by chance

ضايَق annoy, bother, disturb

عاكس oppose; flirt with

عالج cure, treat

T-69 **عامل** treat

فاجئ surprise

قابل interview

لاحظ notice

لاحق chase, pursue

مارس practice, exercise

ناقش discuss

واجهْ face

وافق approve of

3d *defective measure III*

جازى punish; reward

راضى please

T-55 **ساوى** do

عانى suffer

نادى call

4s *sound measure IV*

أجْبر force

T-4 **أعْلن** announce

أقنع convince

أكْرم honor

أنْكر deny

4s irr. *irregular sound measure IV*

أفْطر، يِفْطَر have breakfast

4h *sound measure I*

أدار manage, direct

T-8 **أهان** insult

4d *defective measure IV*

T-6 **ألْغى** cancel

4d irr. *irregular defective measure IV*

T-3 **أعْطى** give

4g *geminate measure IV*

أصرّ pressure; insist

ألحّ urge

5s *sound measure V*

اِتْأجّل be delayed

اِتْأخّر be late

اِتْأدّب behave

اِتْأسّف be sorry, regret

اِتْجمّد freeze *(intr.)*

اِتْجنّب avoid

اِتْجوّز get married (to)

اِتْحجّب wear a hijab

اِتْحدّى challenge

اِتْحرّك move *(intr.)*

اِتْحسّن improve, get better *(intr.)*

اِتْحمّل bear, endure, tolerate

اِتْحمّم take a bath

اِتْحوّل change, turn into

اِتْخرّج graduate (from مِن)

اِتْخصّص major (in بِـ), specialize (in بِـ)

اِتْخلّص get rid of مِن

اِتْخيّل imagine

اِتْدرّب practice على

اِتْذكّر remember

اِتْردّد hesitate

اِتْزلّج ski

اِتْسجّل enroll

اِتْسكّر close *(intr.)*

اِتْصرّف behave

اِتْصوّر have one's picture taken, be photographed; imagine

اِتْطلّع look at في/بِـ

اِتْطلّق get divorced

اِتْطوّر develop *(intr.)*

اِتْعرّف meet, be acquainted with

T-10 **اِتْعلّم** learn

اِتْعوّد get used to, become accustomed to

اِتْغرّز get stitches

اِتْغيرّ change *(intr.)*

اِتْفرّج watch على

اِتْكوّن be composed of

اِتْمرّن practice (a sport); exercise, work out

اِتْنفّس breathe

اِتْوجّهْ head (toward لـ)

اِتْوَظّف obtain employment

اِتْوَقّع expect

5d *defective measure V*

اِتْبنّى adopt

اِتْخطّى speed, go over the speed limit

اِتْرجّى beg, plead

اِتْرقّى get promoted (at work)

اِتْسلّى have fun, enjoy oneself

اِتْسمّى be named, be called

اِتْعشّى have dinner

T-11 **اِتْغدّى** have lunch

اِتْمشّى go for a walk

اِتْملّى be filled

T-14 **اِتْمنّى** hope

اِتْوَضّى perform ritual ablutions

اِتْوَفّى pass away

6s *sound measure VI*

اِتّاوَب yawn

اِتْبادل exchange

اِتْجاوَز pass, overtake

اِتْدايَن borrow (money); become religious

اِتْشاءم be pessimistic

اِتْظاهر demonstrate, protest

T-9 **اِتْعامل** treat

اِتْفاءل be optimistic

اِتْفاجئ be surprised

اِتْفاهم understand each other

اِتْقاتل argue, fight, quarrel *(intr.)*

اِتْقاعد retire

اِتْهابل act foolishly

6d *defective measure VI*

اِتْساوى be done; equal

T-12 **اِتْفادى** avoid

7s *sound measure VII*

T-26 **اِنْبسط** enjoy

اِنْحبس be imprisoned, go to jail

اِنْحرق burn; become burned *(intr.)*

اِنْخرس be quiet, keep silent

اِنْخلق be born

	اِنْخنق	choke, suffocate
	اِنْشغل	become busy
	اِنْطرد	get fired
	اِنْفجر	explode; erupt *(intr.)*
	اِنْقبض	get arrested
	اِنْكسر	break *(intr.)*
	اِنْهلك	get tired (exhausted)
T-30	**اِنْوَلد**	be born

7h *hollow measure VII*

	اِنْباع	be sold
	اِنْشاف	be seen
T-27	**اِنْصاب**	be injured
	اِنْهار	collapse

7d *defective measure VII*

	اِنْبنى	be built
	اِنْعدى	get infected
T-29	**اِنْعمى**	go blind
	اِنْقلى	be fried, fry

7g *geminate measure VII*

	اِنْبلّ	get wet
	اِنْحلّ	be solved; become untied
T-28	**اِنْضمّ**	join

8s *sound measure VIII*

	اِبْتسم	smile
	اِتّصل	contact مع/بِـ; connect مع/بِـ
	اِتّفق	agree (with مع); get along (with مع)
	اِتّهم	accuse
	اِجْتمع	meet (with مع)
	اِحْترم	respect
T-15	**اِحْتفل**	celebrate
	اِخْتلف	disagree with مع; differ مع/مِن
	اِرْتكب	commit (a crime, etc.)
	اِسْتلم	receive
	اِشْترك	join, participate (in بِـ)
T-25	**اِشْتغل**	work
	اِعْتبر	consider
	اِعْتذر	apologize (to لـ / forعلى)
	اِعْترف	admit to, confess
	اِعْتقل	arrest
	اِعْتمد	depend (on على)
	اِغْتصب	rape
	اِفْترض	suppose
	اِفتكر	think (I Ithink...)
	اِقْترح	suggest
	اِكْتشف	discover
	اِلْتزم	comply with, observe
	اِنْتخب	elect
	اِنْتظر	wait
	اِنْتقد	criticize

8h *hollow measure VIII*

	اِحْتاج	need
	اِخْتار	choose
T-17	**اِرْتاح**	rest
	اِسْتعار	borrow
	اِشْتاق	miss; long for

8d *defective measure VIII*

	اِخْتفى	disappear
	اِرْتمى	be thrown
T-24	**اِشْترى**	buy
	اِعْتدى	assault, attack على
	اِلْتغى	be cancelled
	اِلْتقى	meet up (with بـِ)
	اِنْتسى	be forgotten
	اِنْتهى	end *(intr.)*

8d irr. *irregular defective measure VIII*

	اِدّعى، يِدّعي	claim

8g *geminate measure VIII*

	اِحْتجّ	protest
	اِحْتلّ	occupy
T-31	**اِهْتمّ**	be interested

9s *sound measure IX*

	اِبْيَضّ	become white, become pale
T-16	**اِحْمرّ**	turn red
	اِخْضرّ	turn green
	اِزْرقّ	turn blue; bruise *(intr.)*
	اِسْمرّ	tan; get sunburned
	اِسْوَدّ	become black, get dark
	اِصْفرّ	turn yellow

10s *sound measure X*

	اِسْتأْجر	rent (from مِن)
	اِسْتجْوَب	interrogate
	اِسْتخْدم	use
T-18	اِسْتعْمل	use
	اِسْتغْرب	consider strange
	اِسْتفْرغ	vomit, throw up
	اِسْتقْبل	welcome, greet
	اِسْتكْشف	explore
T-22	اِسْتمْتع	enjoy

10h *hollow measure X*

	اِسْتراح	rest
	اِسْتشار	consult
T-20	اِسْتفاد	benefit from
	اِسْتقال	resign

10d *defective measure X*

	اِسْتحْلى	like, find nice
	اِسْترْجى	dare
T-19	اِسْتغْنى	manage/live/do without
	اِسْتَوْحى	be inspired (by مِن)

10g *geminate measure X*

اِسْتحقّ deserve

اِسْتعدّ get ready

اِسْتغلّ take advantage of, exploit

T-21 اِسْتفزّ provoke

اِسْتمرّ continue

10 irr. *irregular measure X*

اِسْتاهل، يِسْتاهل deserve

T-23 اِسْتنّى wait

11s *sound measure XI*

بحْلق stare, gaze

بصْبص peep

بعْبش rummage, search through

T-34 ترْجم translate

تمْتم hum; grumble

ختْير age; get old

دنْدل dangle

سَيْطر control

فرْكش trip *(tr.)*

قزْدر hang out (with friends)

لخْبط confuse; mix up

نرْفز get annoyed

هرْول jog, go jogging

وَشْوَش whisper

11d *defective measure XI*

فرْشى brush

T-97 وَرْجى show

12s *sound measure XII*

اِتْرَجم be translated

اِتْزحْلق slip

اِتْشرْدق choke (on بِـ), swallow the wrong way

اِتْفركش trip *(intr.)*

T-13 اِتْلخْبط err

اِتْمسْخر tease, make fun (of على)

Arabic – English Index

اِتْبسم smile 8s
اِبْيَضّ become white, become pale 9s
اِتْأجّل be delayed 5s
اِتْأخّر be late 5s
اِتْأدّب behave 5s
اِتْأسّف be sorry, regret 5s
اِتْاوَب yawn 6s
اِتْبادل exchange 6s
اِتْبنّى adopt 5d
اِتْرجم be translated 12s
اِتْجاوَز pass, overtake 6s
اِتْجمّد freeze *(intr.)* 5s
اِتْجنّب avoid 5s
اِتْجوّز get married (to) 5s
اِتْحجّب wear a hijab 5s
اِتْحدّى challenge 5s
اِتْحرّك move *(intr.)* 5s
اِتْحسّن improve, get better *(intr.)* 5s
اِتْحمّل bear, endure, tolerate 5s
اِتْحمّم take a bath 5s
اِتْحوّل change, turn into 5s
اِتْخرّج graduate (from مِن) 5s
اِتْخصّص major (in بِـ), specialize (in بِـ) 5s
اِتْخطّى speed, go over the speed limit 5d
اِتْخلّص get rid of مِن 5s
اِتْخيّل imagine 5s
اِتْدايَن borrow (money) 6s
اِتْدرّب practice على 5s
اِتْذكّر remember 5s
اِتْرجّى beg, plead 5d
اِتْردّد hesitate 5s
اِتْرقّى get promoted (at work) 5d
اِتْزحْلق slip 12s
اِتْزلّج ski 5s
اِتْساوى be done; equal 6d
اِتْسجّل enroll 5s
اِتْسكّر close *(intr.)* 5s
اِتْسلّى have fun, enjoy oneself 5d
اِتْسمّى be named, be called 5d
اِتْشاءم be pessimistic 6s
اِتْشرْدق choke (on بِـ), swallow the wrong way 12s
اِتْصرّف behave 5s
اِتّصل contact مع/بِـ; connect مع/بِـ 8s
اِتْصوّر have one's picture taken, be photographed; imagine 5s
اِتْطلّع look at في/بِـ 5s
اِتْطلّق get divorced 5s
اِتْطوّر develop *(intr.)* 5s
اِتْظاهر demonstrate, protest 6s
اِتْعامل treat 6s **T-9**
اِتْعرّف meet, be acquainted with 5s
اِتْعشّى have dinner 5d
اِتْعلّم learn 5s **T-10**
اِتْعوّد get used to, become accustomed to 5s
اِتْغدّى have lunch 5d **T-11**
اِتْغرّز get stitches 5s
اِتْغيّر change *(intr.)* 5s
اِتْفاءل be optimistic 6s
اِتْفاجئ be surprised 6s
اِتْفادى avoid 6d **T-12**
اِتْفاهم understand each other 6s
اِتْفرّج watch على 5s
اِتْفركش trip *(intr.)* 12s
اِتّفق agree (with مع); get along (with مع) 8s
اِتْقاتل argue, fight, quarrel *(intr.)* 6s
اِتْقاعد retire 6s
اِتْكوّن be composed of 5s
اِتْلخبط err 12s **T-13**
اِتْمرّن practice (a sport); exercise, work

out 5s
اِتْمَسْخر tease, make fun (of على) 12s
اِتْمَشّى go for a walk 5d
اِتْمَلّى be filled 5d
اِتْمَنّى hope 5d **T-14**
اِتْنَفّس breathe 5s
اِتْهابل act foolishly 6s
اِتّهم accuse 8s
اِتْوَجّهْ head (toward لـ) 5s
اِتْوَضّى perform ritual ablutions 5d
اِتْوَظّف obtain employment 5s
اِتْوَفّى pass away 5d
اِتْوَقّع expect 5s
أثّر affect; influence 2s
أجا come 1d irr. **T-1**
أجْبر force 4s
اِجْتمع meet (with مع) 8s
أجّر rent (to لـ) 2s
أجع hurt, cause pain to 1s irr.
أجّل postpone 2s
اِحْتاج need 8h
اِحْتجّ protest 8g
اِحْترم respect 8s
اِحْتفل celebrate 8s **T-15**
اِحْتلّ occupy 8g
اِحْمرّ turn red 9s **T-16**
اِخْتار choose 8h
اِخْتفى disappear 8d
اِخْتلف disagree with مع; differ مع/مِن 8s
أخد take 1s irr. **T-2**
أخّر delay *(tr.)* 2s
اِخْضرّ turn green 9s
أدار manage, direct 4h
أدّب discipline 2s
اِدّعى claim 8d irr.
أدّن call to prayer 2s
أدّى perform, carry out 2d
اِرْتاح rest 8h **T-17**
اِرْتكب commit (a crime, etc.) 8s
اِرْتمى be thrown 8d
اِزْرقّ turn blue; bruise *(intr.)* 9s
اِسْتأْجر rent (from مِن) 10s
اِسْتاهل deserve 10 irr.
اِسْتجْوَب interrogate 10s
اِسْتحقّ deserve 10g
اِسْتحْلى like, find nice 10d
اِسْتخْدم use 10s
اِسْتراح rest 10h
اِسْترْجى dare 10d
اِسْتشار consult 10h
اِسْتعار borrow 8h
اِسْتعدّ get ready 10g
اِسْتعْمل use 10s **T-18**
اِسْتغْرب consider strange 10s
اِسْتغلّ take advantage of, exploit 10g
اِسْتغْنى manage/live/do without 10d **T-19**
اِسْتفاد benefit from 10h **T-20**
اِسْتفْرغ vomit, throw up 10s
اِسْتفزّ provoke 10g **T-21**
اِسْتقال resign 10h
اِسْتقْبل welcome, greet 10s
اِسْتكْشف explore 10s
اِسْتلم receive 8s
اِسْتمْتع enjoy 10s **T-22**
اِسْتمرّ continue 10g
اِسْتنّى wait 10 irr. **T-23**
اِسْتَوْحى be inspired (by مِن) 10d
أسّس found, establish 2s
اِسْمرّ tan; get sunburned 9s
اِسْوَدّ become black, get dark 9s
اِشْتاق miss; long for 8h
اِشْترك join, participate (in بـ) 8s
اِشْترى buy 8d **T-24**
اِشْتغل work 8s **T-25**
أصرّ pressure; insist 4g
اِصْفرّ turn yellow 9s
اِعْتبر consider 8s
اِعْتدى assault, attack على 8d

اِعْتذر apologize (to لـ / forعلى) 8s
اِعْترف admit to, confess 8s
اِعْتقل arrest 8s
اِعْتمد depend (on على) 8s
أعْطى give 4d irr. **T-3**
أعْلن announce 4s **T-4**
اِغْتصب rape 8s
اِفْترض suppose 8s
اِفتكر think (I think...) 8s
أفْطر have breakfast 4s irr.
اِقْترح suggest 8s
أُقنع convince 4s
اِكْتشف discover 8s
أكّد confirm, check, verify, assure 2s
أكْرم honor 4s
أكل eat 1s irr. **T-5**
اِلْتزم comply with, observe 8s
اِلْتغى be cancelled 8d
اِلْتقى meet up (with بـِ) 8d
ألحّ urge 4g
ألْغى cancel 4d **T-6**
ألّف compose 2s
إلو have **T-103**
أمر order 1s3 **T-7**
آمن believe (in بـِ) 3s
اِنْباع be sold 7h
اِنْبسط enjoy 7s **T-26**
اِنْبلّ get wet 7g
اِنْبنى be built 7d
اِنْتخب elect 8s
اِنْتسى be forgotten 8d
اِنْتظر wait 8s
اِنْتقد criticize 8s
اِنْتهى end *(intr.)* 8d
اِنْحبس be imprisoned, go to jail 7s
اِنْحرق burn; become burned *(intr.)* 7s
اِنْحلّ be solved; become untied 7g
اِنْخرس be quiet, keep silent 7s
اِنْخلق be born 7s
اِنْخنق choke, suffocate 7s
اِنْشاف be seen 7h
اِنْشغل become busy 7s
اِنْصاب be injured 7h **T-27**
اِنْضمّ join 7g **T-28**
اِنْطرد get fired 7s
اِنْعدى get infected 7d
اِنْعمى go blind 7d **T-29**
اِنْفجر explode; erupt *(intr.)* 7s
اِنْقبض get arrested 7s
اِنْقلى be fried, fry 7d
أنْكر deny 4s
اِنْكسر break *(intr.)* 7s
اِنْهار collapse 7h
اِنْهلك get tired (exhausted) 7s
اِنْوَلد be born 7s **T-30**
أهان insult 4h **T-8**
اِهْتمّ be interested 8g **T-31**
أهّل train, qualify, welcome 2s
بات spend the night 1h3
بادر initiate 3s
بادل reciprocate 3s
بارك bless 3s
باس kiss 1h2
باض lay (an egg) 1h1
باع sell 1h1 **T-32**
بحْلق stare, gaze 11s
بخّ spray 1g2
بِخِل become stingy 1s4
بدا begin 1d2 **T-33**
بدّل replace 2s
بِدّو want **T-104**
بِرِد get cold 1s irr.
برّى sharpen (a pencil) 2d
بزق spit 1s3
بسط please, make happy 1s2
بشّر preach (about بـِ) 2s
بصْبص peep 11s
بطّل quit 2s

بعْبش rummage, search through 11s
بعت send; mail 1s1
بِعِد become far 1s5
بلّ wet, dampen 1g1
بلع swallow 1s1
بلّغ report, inform 2s
بنى build 1d1
بوّل urinate, pee 2s
بيّض whiten 2s
بيّن appear 2s
تاب repent 1h2
تبّع follow (a recipe, etc.) 2s
تِخِن get fat 1s4
ترْجم translate 11s **T-34**
تِعِب get tired 1s4
تفّ spit 1g1
تمْتم hum; grumble 11s
ثار erupt 1h2
ثبّت fix (in place), fasten, establish 2s
جاب bring 1h1 **T-35**
جادل argue (about على) 3s
جازى punish; reward 3d
جاع become hungry 1h2
جاوَب answer, reply, respond to 3s
جدّد renew 2s
جذب attract 1s2
جرّ drag, pull 1g2
جرّب try (out) 2s
جرح wound, injure, hurt 1s1
جرى run 1d1
جزّ shear (a sheep) 1g1
جلى wash (dishes) 1d1
جمع add, add up; harvest 1s1
جنّد recruit, enlist 2s
جنّن drive crazy 2s
جهّز prepare 2s
حافظ maintain على 3s
حاوَل try 3s **T-36**
حبّ like 1g1 **T-37**
حبس imprison 1s2
حِبِل get pregnant 1s4
حجز book, reserve 1s2
حدّد set, fix, define 2s
حرث plow 1s3
حرّر liberate 2s
حرس guard 1s3
حرق burn 1s2
حرّك move *(tr.)* 2s **T-38**
حرم deprive 1s2
حرّم forbid (in religion) 2s
حزّر guess 2s
حِزِن mourn 1s4
حسّ feel 1g1 **T-39**
حسب calculate 1s2
حسّن improve, make better *(tr.)* 2s
حشى stuff, fill 1d1
حصد harvest 1s3
حضّر prepare 2s
حِضِر watch 1s4 **T-40**
حطّ put 1g2 **T-41**
حفر dig 1s3
حِفِظ save (a file); memorize 1s4
حقد resent 1s2
حقّق realize, achieve; verify, check 2s
حكّ scratch, itch, scrape 1g2
حكم govern 1s3
حكى speak 1d1 **T-42**
حلّ solve 1g1
حلب milk 1s2
حلف swear 1s2
حلق shave 1s2
حِلِم dream 1s4
حمل carry 1s2
حمى protect 1d1
حوّش save, put aside (money) 2s
خاف be afraid of, fear مِن 1h3
خان betray 1h2
خبّر tell, inform 2s

خبز bake 1s2, 1s3
خبط crash 1s3
خبّى hide 2d
ختم conclude, finish; stamp 1s2
ختْيَر age; get old 11s
خدع deceive 1s1
خدم serve 1s2
خرّب spoil, ruin; vandalize *(tr.)* 2s
خرّط chop (up) 2s
خزّق tear 2s
خِسِر lose (a game, money) 1s4
خشع be submissive (in prayer) 1s1
خصّ belong; concern 1g2
خضّ shake; shock 1g2
خطّط plan 2s
خطف kidnap, abduct 1s3
خفّف lessen, lighten, slow down *(tr.)* 2s
خلّص finish, end, complete, accomplish 2s **T-43**
خلط mix 1s2, 1s3
خلع snatch 1s1
خلق create 1s2
خلّى let, make 2d **T-44**
خوّف frighten, scare 2s
خيّط sew 2s
داب melt, dissolve, thaw *(intr.)* 1h2
دار turn *(tr./intr.)*; roam around 1h2
دافع defend 3s
داق taste 1h2
دايَن lend (money) 3s
دخّن smoke 2s
درّب train 2s
درس study 1s3
درّس teach 2s
دعا pray 1d1
دعس step, tread (on على) 1s1
دفع pay 1s1 **T-45**
دفن bury 1s2
دِفي warm up, become warm 1d3
دقّ knock; beat, palpitate; hammer 1g2
دلّ indicate, point (to على); show the way; guide 1g1
دلّك massage 2s
دمّر damage 2s
دنْدل dangle 11s
دهن paint 1s1
دوّب melt, dissolve, thaw *(tr.)* 2s
دوّر look for, search (for على) 2s
ذكر mention 1s3
ذكّر remind 2s
راجع check, revise, review 3s
راح go 1h2 **T-46**
راضى please 3d
رافق accompany 3s
راق calm down 1h2
راهن bet 3s
رِبِح win; gain 1s4
ربط bind 1s3 **T-47**
ربّى bring up, raise 2d
رتّب arrange 2s
رجّع give back, return *(tr.)* 2s
رِجِع return 1s4 **T-48**
ردّ reply; answer على; return; bring back 1g2
رزق bless 1s2, 1s3
رسم draw 1s3
رشّ spray 1g2
رشّح nominate 2s
رشى bribe 1d1
رِضِع be breastfed, suckle 1s4
رضّع breastfeed 2s
رِضي be pleased 1d3
رعى graze; herd 1d2
رفض refuse 1s3
رفع raise 1s1
رقص dance 1s3
رقّع patch, darn 2s
ركّب pick up, give a ride to 2s

رِكِب ride 1s4 **T-49**
ركّز concentrate 2s
رمش blink 1s2
رمى throw 1d1 **T-50**
رنّ ring 1g1
روّح go home 2s
زاح move out of the way 1h1
زاد increase; add *(tr.) (intr.)* 1h1
زار visit 1h2 **T-51**
زبّط adjust; trim (one's beard) 2s
زتّ throw; throw away 1g1
زحف crawl 1s1
زرع plant (a seed), grow (a plant) 1s1
زعّل anger, upset 2s
زِعِل get angry/upset 1s4
زقّ push, shove 1g2
زقّف applaud 2s
زكّر remind 2s
زهّق bore (make feel bored) 2s
زِهِق get bored 1s4
ساب leave 1h1 **T-53**
ساعد help 3s **T-54**
سافر travel 3s
ساق drive 1h2
سأل ask 1s1 **T-52**
سامح forgive 3s
ساوم haggle over, bargain 3s
ساوى do 3d **T-55**
سبّ curse, swear 1g1
سبّب cause 2s
سبح swim 1s1
سجّل record 2s
سحب withdraw 1s1
سخّن heat up, warm up *(tr.)* 2s
سدّ block, seal 1g1
سدّد settle, pay off (debt) 2s
سرق steal 1s2
سقط fail 1s3
سقى water (a plant) 1d1
سكت be quiet, shut up 1s3
سكّر close 2s **T-56**
سِكِر get drunk 1s4
سكن live 1s3 **T-57**
سلق boil (food) 1s3
سلّم deliver; greet على 2s
سلّى entertain 2d
سمح allow, permit 1s1
سِمِع hear 1s4 **T-58**
سمّى name, call 2d
سند support 1s2
سِهِر stay up late 1s4
سوّد blacken 2s
سيّج fence in 2s
سَيْطر control 11s
شاب turn gray 1h1
شاط shoot (a goal); kick (a ball); burn (food) 1h2
شاف see 1h2 **T-59**
شال remove; take away; pick up, carry 1h1
شِبِع become full (of food) 1s4
شبك make trouble 1s2
شتّى rain 2d
شجّع cheer, encourage 2s
شحد beg (for money) 1s1
شخّ urinate, pee, piss 1g2
شخّر snore 2s
شخّص diagnose 2s
شدّ pull; tighten; drag; attract 1g1
شدّد be strict 2s
شِرِب drink 1s4 **T-60**
شرح explain 1s1
شرد flee, run away 1s3
شرق (sun) rise 1s3
شِرِق choke (on بـِ), swallow the wrong way 1s4
شطب cross out 1s3
شطف rinse 1s3

شعر feel بـِ 1s3
شغّل operate, make work; hire, employ 2s
شغل worry; occupy 1s2
شِفِق pity على 1s4
شقل lift and carry 1s3
شكّ doubt 1g2
شكر thank 1s3 **T-61**
شكّل form 2s
شكى complain 1d1
شلّح undress *(tr.)* 2s
شلح undress, take off (clothes), remove (clothes) 1s1
شمّ smell *(tr.)* 1g1
صاب hit (a target); afflict 1h1
صاد fish, hunt 1h1
صادف run into, meet by chance 3s
صار become 1h1 **T-62**
صام fast 1h2
صبّ pour 1g2
صبغ dye one's hair 1s3
صحّح correct 2s
صحّى wake (up), rouse *(tr.)* 2d
صِحي wake up *(intr.)* 1d3 **T-63**
صدر issue 1s2
صدف happen, occur 1s3
صدّق believe 2s
صرّح state, declare 2s
صرّف change money; break a bill, make change; inflect, conjugate, decline 2s
صرف spend (money); change (money); fire, dismiss (from a job) 1s2, 1s3
صفّ park (a car); sort (in rows) 1g2
صفّر whistle 2s
صلّح repair, fix; edit, correct 2s
صلّى pray (ritual prayer) 2d
صمّم design 2s
صنع manufacture 1s1
صوّت vote 2s
صوّر photograph; photocopy 2s
صيّح shout 2s
ضاع get lost 1h1
ضاف add 1h1
ضايَق annoy, bother, disturb 3s
ضبّ tidy up, put away; gather, collect; pack (a suitcase) 1g2
ضِحِك laugh 1s4 **T-64**
ضحّك make laugh 2s
ضرب hit, beat; multiply 1s3
ضرّط fart 2s
ضِعِف lose weight 1s4
ضغط click (on على) 1s1
ضلّ stay 1g3 **T-65**
ضمّ embrace; bring together 1g2
ضِمِن guarantee 1s4
ضوَى turn on, switch on 1d1
ضيّع lose 2s
طاب recover, get better; heal, cure; be correct 1h1
طار fly 1h1
طاف float; flood 1h2
طاق bear, stand, endure 1h2
طال reach 1h2
طبخ cook 1s3 **T-66**
طبع print 1s1
طحن grind 1s1
طرح subtract 1s1
طرد fire 1s3
طرّز embroider 2s
طفى extinguish; turn off, switch off 1d1
طفّى extinguish; turn off, switch off 2d
طلب request 1s3 **T-67**
طِلِع ascend 1s4 **T-68**
طلّع take out; take up(stairs) 2s
طلّق divorce 2s
طوَى fold 1d1
ظبط fit; control; work out (successfully) *(tr.)* 1s2

عاد repeat 1h1
عاز need; require 1h2
عاش live 1h1
عاكس oppose; flirt with 3s
عالج cure, treat 3s
عامل treat 3s **T-69**
عانى suffer 3d
عبّر express عن 2s
عبط hug 1s3
عبّى fill; fill in (a form), fill out (a form) 2d
عجب please, appeal to 1s2
عجّز age, grow old 2s
عدّ count 1g1
عذّب torture 2s
عذر excuse 1s3
عرض offer, present 1s2
عرّف introduce (to على) 2s
عِرِف know 1s5 **T-70**
عِرِق sweat 1s4
عزف play (an instrument) 1s2
عزم invite 1s2 **T-71**
عِشِق love passionately 1s4
عصّ click (on على) 1g2
عصّب become angry 2s
عضّ bite 1g2
عطس sneeze 1s3
عِطِش become thirsty 1s4
عفّن rot, decay *(intr.)* 2s
علّق hang *(tr.)* 2s
علّم teach 2s
علّى turn up (the volume); make high 2d
عمّد baptize 2s
عمّر build 2s
عِمِل do 1s4 **T-72**
عِنْدو have **T-105**
عيّط cry; yell, shout, scream 2s
عيّن appoint 2s
غاص dive, submerge 1h2
غرق sink 1s1
غسل wash 1s2 **T-73**
غشّ cheat 1g1, 1g2
غطس dive, submerge 1s3
غطّى cover 2d
غفر forgive 1s2
غِفِي fall asleep, doze off 1d3
غلب beat, defeat 1s2
غِلِي become expensive 1d3
غلى boil *(tr.)* 1d1
غمّد close (eyes) 2s
غمز wink 1s2
غنّى sing 2d
غيّر change 2s **T-74**
فات enter; pass (by) 1h2
فاجئ surprise 3s
فاد be useful 1h1
فاز win (a game) 1h2
فاق be awake 1h2
فتح open 1s1 **T-75**
فحص examine 1s1
فرْشى brush 11d
فرض impose (on على); assume, suppose 1s2
فرك rub, polish 1s3
فرْكش trip *(tr.)* 11s
فرم chop up, mince 1s3
فسّر explain 2s
فصص fart 1s2
فصل separate 1s2
فضّل prefer 2s
فِضِي become empty 1d3
فضّى empty, vacate; unpack *(tr.)* 2d
فكّ undo, untie, unbutton, remove 1g1
فكّر think 2s **T-76**
فلت escape, get away 1s2
فلح plow (field); work hard 1s1
فِهِم understand 1s4 **T-77**
فوّت let in, admit; put in 2s

في there to be **T-106**
قابل interview 3s
قاد lead 1h2
قارن compare 2s
قاس measure 1h1
قال say 1h2 **T-78**
قام rise; get up 1h2
قبض earn 1s3 **T-79**
قِبِل accept, agree 1s4
قتل kill 1s3 **T-80**
قحّ cough 1g2
قدّر appreciate; estimate, value 2s
قِدِر be able to 1s4 **T-81**
قدّم present, offer; apply (to على) 2s
قرا read; study 1d2 **T-82**
قرّر decide 2s
قرْدر hang out (with friends) 11s
قسم divide 1s2
قصّ cut 1g2
قصد mean 1s3
قطع cross, pass 1s1
قطّع cut 2s
قعد sit 1s3 **T-83**
قفّل lock 2s
قلّ decrease, reduce *(intr.)* 1g1
قِلِق worry, be anxious 1s4
قلّل reduce, decrease *(tr.)* 2s
قلى fry *(tr.)* 1d1
كان be 1h2 **T-84**
كبّ pour; spill 1g1
كبّر enlarge 2s
كِبِر grow (up); get big 1s4
كبس staple 1s2
كتب write 1s2 **T-85**
كتّر increase *(tr.)* 2s
كحّ cough 1g2
كذب lie 1s2 **T-86**
كِرِه hate 1s4
كِسِب win, gain, acquire 1s4
كسر break *(tr.)* 1s2
كشّر frown 2s
كفّى be enough, suffice 2d
كلّف cost *(intr.)* 2s
كلّم phone 2s **T-87**
كمّل continue 2s
كنّس sweep 2s
كوّن create, form 2s
كَوى iron 1d1
لاحظ notice 3s
لاحق chase, pursue 3s
لام blame 1h2
لِبِس wear 1s5 **T-88**
لحس lick 1s1
لِحِق follow, chase 1s4
لحّق manage (to do); catch up with 2s
لحّن tune (an instrument) 2s
لخْبط confuse; mix up 11s
لخم shock, confuse, dumbfound 1s2
لِعِب play 1s4 **T-89**
لغى cancel 1d1
لفّ turn; wrap 1g1 **T-90**
لقط catch 1s3
لقى find 1d irr. **T-91**
لمّ gather, collect 1g1
لمس touch 1s2 **T-92**
لوّن color 2s
مات die 1h2
مارس practice, exercise 3s
مثّل act, perform; represent 2s
محى erase 1d1
مدّ extend; stretch *(tr.)* 1g1
مدح praise (someone) 1s1
مرّ pass by, elapse 1g2
مِرِض get sick, fall ill 1s4
مرق pass (by); stop by 1s3
مزح joke; kid 1s1
مسح wipe, mop 1s1
مسك hold 1s2 **T-93**

مشّط comb 2s
مشى walk 1d1 **T-94**
مصّ suck 1g2
مضى sign 1d1
مضّى spend (time) 2d
معو have **T-107**
ملك own 1s2
ملّى fill (up) 2d
منع forbid 1s1
موّل finance 2s
ميّز distinguish 2s
نادى call 3d
ناقش discuss 3s
ناك fuck 1h1
نام sleep 1h3 **T-95**
نبّه warn 2s
نتق vomit, throw up 1s3
نجح succeed 1s1
نجّى rescue 2d
ندِم regret 1s4
نرْفز get annoyed 11s
نزف bleed 1s2
نزّل download; make lower; drop off 2s
نزِل go down; descend 1s5
نسخ copy 1s1
نِسي forget 1d3 **T-96**
نشر publish; saw (wood) 1s3
نشِف dry *(intr.)* 1s4
نشّف dry *(tr.)* 2s
نصح advise 1s1
نصِح put on weight; get fat 1s4
نضّف clean 2s
نطّ jump 1g2
نطق pronounce 1s3
نظّم organize 2s
نفّ blow one's nose 1g1
نقّ complain; nag (someone) 1g2
نفّذ carry out, perform 2s
نقل move (houses); copy; cheat 1s2
نقّى pick, choose, select 2d
نكّت joke 2s
نهى end, finish 1d1
نَوى intend 1d1
هبّ blow; flicker 1g1
هبط land 1s3
هجر abandon, desert 1s3
هجم attack 1s2
هدّ demolish, break down 1g1
هرب escape 1s3
هرّب smuggle 2s
هرْول jog, go jogging 11s
هزّ shake 1g1
هلك become exhausted 1s2
واجهْ face 3s
وافق approve of 3s
وِثِق trust 1s7
ودّع bid farewell 2s
وَدّى send, take, bring 2d
وَرْجى show 11d **T-97**
وسّع widen 2s
وَشْوَش whisper 11s
وصف describe 1s2
وِصِل arrive 1s7 **T-98**
وصّل deliver 2s
وَطّى lower 2d
وظّف employ 2s
وَعد promise 1s6 **T-99**
وَعظ preach 1s6
وفّر provide; supply 2s
وقّع drop; sign 2s
وِقِع fall 1s7 **T-100**
وِقِف stand 1s7 **T-102**
وَقّف stop 2s **T-101**
وقّف stop *(tr.)* 2s
ولّد give birth 2s
ولّع light (a cigarette) 2s

English – Arabic Index

abandon هجر 1s3
abduct خطف 1s3
able: be ~ to قدِر 1s4 **T-81**
accept قبِل 1s4
accompany رافق 3s
accomplish خلّص 2s **T-43**
accuse اِتّهم 8s
accustomed: become ~ to اِتْعوّد 5s
achieve حقّق 2s
acquainted: be ~ with اِتْعرّف 5s
acquire كِسب 1s4
act مثّل 2s; ~ foolishly اِتْهابل 6s
add جمع 1s1; ضاف 1h1; زاد 1h1
adjust زبّط 2s
admit (to) فوّت 2s; اِعْترف 8s
adopt اِتْبنّى 5d
advantage: take ~ of اِسْتغلّ 10g
advise نصح 1s1
affect أثّر 2s
afflict صاب 1h1
afraid: be ~ of خاف 1h3
age خِتْير 11s; عجّز 2s
agree قبِل 1s4; ~ (with مع) اِتّفق 8s
allow سمح 1s1
along: get ~ (with مع) اِتّفق 8s
am: *see* **be**
anger زعّل 2s
angry: become ~ عصّب 2s; زعِل 1s4
announce أعْلن 4s **T-4**
annoy ضايَق 3s
annoyed: get ~ نرْفز 11s
answer جاوَب 3s; ~ على ردّ 1g2
anxious: be ~ قلِق 1s4
apologize (to لـ / forعلى) اِعْتذر 8s
appeal to عجب 1s2
appear بيّن 2s
applaud زقّف 2s
apply (to على) قدّم 2s
appoint عيّن 2s
appreciate قدّر 2s
approve of وافق 3s
are: *see* **be**
argue اِتْقاتل 6s; ~ (about على) جادل 3s
arrange رتّب 2s
arrest اِعْتقل 8s
arrested: get ~ اِنْقبض 7s
arrive وِصِل 1s7 **T-98**
ascend طِلِع 1s4 **T-68**
ask سأل 1s1 **T-52**
assault اِعْتدى 8d
assume فرض 1s2
assure أكّد 2s
attack هجم 1s2; ~ على اِعْتدى 8d
attract جذب 1s2; شدّ 1g1
avoid اِتْجنّب 5s; اِتْفادى 6d **T-12**
awake: be ~ فاق 1h2
away: get ~ فلت 1s2
bake خبز 1s2, 1s3
baptize عمّد 2s
bargain ساوم 3s
bath: take a ~ اِتْحمّم 5s
be كان 1h2 **T-84**
bear طاق 1h2; اِتْحمّل 5s
beat غلب 1s2; دقّ 1g2; ضرب 1s3
become صار 1h1 **T-62**
beg اِتْرجّى 5d; ~ (for money) شحد 1s1
begin بدا 1d2 **T-33**
behave اِتْأدّب 5s; اِتْصرّف 5s
believe صدّق 2s; ~ (in بِـ) آمن 3s
belong خصّ 1g2
benefit from اِسْتفاد 10h **T-20**
bet راهن 3s

betray خان 1h2

better: get ~ طاب 1h1; اِتْحسّن 5s; make ~ حسّن 2s

bid farewell ودّع 2s

big: get ~ كِبِر 1s4

bind ربط 1s3 **T-47**

birth: give ~ ولّد 2s

bite عضّ 1g2

black: become ~ اِسْوَدّ 9s

blacken سوّد 2s

blame لام 1h2

bleed نزف 1s2

bless رزق 1s2, 1s3; بارك 3s

blind: go ~ اِنْعمى 7d **T-29**

blink رمش 1s2

block سدّ 1g1

blow هبّ 1g1; ~ one's nose نفّ 1g1

boil *(tr.)* غلى 1d1; سلق 1s3

book حجز 1s2

bore (make feel bored) زهّق 2s

bored: get ~ زِهِق 1s4

born: be ~ اِنْوَلد 7s **T-30**; اِنْخلق 7s

borrow اِسْتعار 8h; ~ (money) اِتْداين 6s

bother ضايَق 3s

break *(tr.)* كسر 1s2; *(intr.)* اِنْكسر 7s; ~ a bill صرّف 2s; ~ down هدّ 1g1

breakfast: have ~ أفْطر 4s irr.

breastfed: be ~ رِضِع 1s4

breastfeed رضّع 2s

breathe اِتْنفّس 5s

bribe رشى 1d1

bring جاب 1h1 **T-35**; وَدّى 2d; ~ back ردّ 1g2; ~ together ضمّ 1g2; ~ up ربّى 2d

bruise *(intr.)* اِزْرقّ 9s

brush فرْشى 11d

build بنى 1d1; عمّر 2s

built: be ~ اِنْبنى 7d

burn *(intr.)* اِنْحرق 7s; حرق 1s2; ~ (food) شاط 1h2

bury دفن 1s2

busy: become ~ اِنْشغل 7s

buy اِشْترى 8d **T-24**

calculate حسب 1s2

call نادى 3d; سمّى 2d; ~ to prayer أذّن 2s

called: be ~ اِتْسمّى 5d

calm down راق 1h2

cancel لغى 1d1; ألْغى 4d **T-6**; be ~ed اِلْتغى 8d

carry حمل 1s2; شال 1h1; ~ out نفّذ 2s; ~ out أدّى 2d

catch لقط 1s3; ~ up with لحّق 2s

cause سبّب 2s; ~ pain to أجع 1s irr.

celebrate اِحْتفل 8s **T-15**

challenge اِتْحدّى 5s

change *(tr.)* غيّر 2s **T-74**; اِتْحوّل 5s; *(intr.)* اِتْغيّر 5s; make ~ صرّف 2s; ~ (money) صرف 1s2, 1s3; صرّف 2s

chase لاحق 3s; لِحِق 1s4

cheat غشّ 1g1, 1g2; ~ (in class) نقل 1s2

check راجع 3s; أكّد 2s; حقّق 2s

cheer شجّع 2s

choke اِنْخنق 7s; ~ (on بِـ) اِتْشرْدق 12s; شرِق 1s4

choose اِخْتار 8h; نقّى 2d

chop (up) خرّط 2s; ~ up فرم 1s3

claim اِدّعى 8d irr.

clean نضّف 2s

click (on على) عصّ 1g2; ضغط 1s1

close سكّر 2s **T-56**; *(intr.)* اِتْسكّر 5s; ~ (one's eyes) غمّد 2s

cold: get ~ بِرِد 1s irr.

collapse اِنْهار 7h

collect لمّ 1g1; ضبّ 1g2

color لوّن 2s

comb مشّط 2s

come أجا 1d irr. **T-1**

commit (a crime, etc.) اِرْتكب 8s

compare قارن 2s

complain نقّ 1g2; شكى 1d1
complete خلّص 2s **T-43**
comply with اِلْتزم 8s
compose ألّف 2s
composed: be ~ of اِتْكوّن 5s
concentrate ركّز 2s
concern خصّ 1g2
conclude ختم 1s2
confess اِعْترف 8s
confirm أكّد 2s
confuse لخْبط 11s; لخم 1s2
conjugate (a verb) صرّف 2s
connect مع/بِـ اِتّصل 8s
consider اِعْتبر 8s; ~ strange اِسْتغْرب 10s
consult اِسْتشار 10h
contact مع/بِـ اِتّصل 8s
continue اِسْتمرّ 10g; كمّل 2s
control سَيْطر 11s; *(tr.)* ظبط 1s2
convince أقْنع 4s
cook طبخ 1s3 **T-66**
copy نسخ 1s1; نقل 1s2
correct صحّح 2s; صلّح 2s
cost *(intr.)* كلّف 2s
cough قحّ 1g2; كحّ 1g2
count عدّ 1g1
cover غطّى 2d
crash خبط 1s3
crawl زحف 1s1
create كوّن 2s; خلق 1s2
criticize اِنْتقد 8s
cross قطع 1s1; ~ out شطب 1s3
cry عيّط 2s
cure عالج 3s; طاب 1h1
curse سبّ 1g1
cut قصّ 1g2; قطّع 2s
damage دمّر 2s
dampen بلّ 1g1
dance رقص 1s3
dangle دنْدل 11s
dare اِسْترْجى 10d
dark: get ~ اِسْوَدّ 9s
darn رقّع 2s
decay *(intr.)* عفّن 2s
deceive خدع 1s1
decide قرّر 2s
declare صرّح 2s
decline (a word) صرّف 2s
decrease *(intr.)* قلّ 1g1; *(tr.)* قلّل 2s
defeat غلب 1s2
defend دافع 3s
define حدّد 2s
delay *(tr.)* أخّر 2s
delayed: be ~ اِتْأجّل 5s
deliver سلّم 2s; وصّل 2s
demolish هدّ 1g1
demonstrate اِتْظاهر 6s
deny أنْكر 4s
depend (on على) اِعْتمد 8s
deprive حرم 1s2
descend نِزِل 1s5
describe وصف 1s2
desert هجر 1s3
deserve اِسْتاهل 10 irr.; اِسْتحقّ 10g
design صمّم 2s
develop *(intr.)* اِتْطوّر 5s
diagnose شخّص 2s
die مات 1h2
differ مع/مِن اِخْتلف 8s
dig حفر 1s3
dinner: have ~ اِتْعشّى 5d
direct أدار 4h
disagree with مع اِخْتلف 8s
disappear اِخْتفى 8d
discipline أدّب 2s
discover اِكْتشف 8s
discuss ناقش 3s
dismiss (from a job) صرف 1s2, 1s3
dissolve *(intr.)* داب 1h2; *(tr.)* دوّب 2s

distinguish ميّز 2s
disturb ضايَق 3s
dive غاص 1h2
dive غطس 1s3; غطس 1s3
divide قسم 1s2
divorce طلّق 2s
divorced: get ~ اِتْطلّق 5s
do عِمِل 1s4 **T-72**; ساوى 3d **T-55**; be done اِتْساوى 6d
doubt شكّ 1g2
download نزّل 2s
doze off غِفي 1d3
drag جرّ 1g2; شدّ 1g1
draw رسم 1s3
dream حِلِم 1s4
drink شِرِب 1s4 **T-60**
drive ساق 1h2; ~ crazy جنّن 2s
drop وقّع 2s; ~ off نزّل 2s
drunk: get ~ سِكِر 1s4
dry *(intr.)* نِشِف 1s4; *(tr.)* نشّف 2s
dumbfound لخم 1s2
dye (one's hair) صبغ 1s3
earn قبض 1s3 **T-79**
eat أكل 1s irr. **T-5**
edit صلّح 2s
elapse مرّ 1g2
elect اِنْتخب 8s
embrace ضمّ 1g2
embroider طرّز 2s
employ وظّف 2s; شغّل 2s
empty: become ~ فِضي 1d3; *(tr.)* فضّى 2d
encourage شجّع 2s
end نهى 1d1; *(intr.)* اِنْتهى 8d; خلّص 2s **T-43**
endure اِتْحمّل 5s; طاق 1h2
enjoy اِسْتمْتع 10s **T-22**; اِنْبسط 7s **T-26**; ~ oneself اِتْسلّى 5d
enlarge كبّر 2s
enlist جنّد 2s
enough: be ~ كفّى 2d
enroll اِتْسجّل 5s
enter فات 1h2
entertain سلّى 2d
equal اِتْساوى 6d
erase محى 1d1
err اِتْلَخْبط 12s **T-13**
erupt ثار 1h2; *(intr.)* اِنْفجر 7s
escape فلت 1s2; هرب 1s3
establish أسّس 2s; ثبّت 2s
estimate قدّر 2s
examine فحص 1s1
exchange اِتْبادل 6s
excuse عذر 1s3
exercise مارس 3s; اِتْمرّن 5s
exhausted: become ~ هلك 1s2
expect اِتْوَقّع 5s
expensive: become ~ غِلي 1d3
explain شرح 1s1; فسّر 2s
explode *(intr.)* اِنْفجر 7s
exploit اِسْتغلّ 10g
explore اِسْتكْشف 10s
express عن عبّر 2s
extend *(tr.)* مدّ 1g1
extinguish طفى 1d1; طفّى 2d
face واجهْ 3s
fail سقط 1s3
fall وِقِع 1s7 **T-100**; ~ asleep غِفي 1d3; ~ ill مِرِض 1s4
far: become ~ بِعِد 1s5
fart فصص 1s2; ضرّط 2s
fast صام 1h2
fasten ثبّت 2s
fat: get ~ تِخِن 1s4; نِصِح 1s4
fear من خاف 1h3
feel حسّ 1g1 **T-39**; ~ بـ شعر 1s3
fence in سيّج 2s
fight *(intr.)* اِتْقاتل 6s
fill عبّى 2d; حشى 1d1; ~ (up) ملّى 2d; ~ in (a form) عبّى 2d; ~ out (a form) عبّى 2d

filled: be ~ اِتْملّى 5d
finance موّل 2s
find لقى 1d irr. **T-91**; ~ nice اِسْتحْلى 10d
finish خلّص 2s **T-43**; نهى 1d1; ختم 1s2
fire طرد 1s3; صرف 1s2, 1s3
fired: get ~ اِنْطرد 7s
fish صاد 1h1
fit *(tr.)* ظبط 1s2
fix صلّح 2s; حدّد 2s; ~ (in place) ثبّت 2s
flee شرد 1s3
flicker هبّ 1g1
flirt with عاكس 3s
float طاف 1h2
flood طاف 1h2
fly طار 1h1
fold طَوى 1d1
follow لِحِق 1s4; ~ (a recipe etc.) تبّع 2s
forbid منع 1s1; ~ (in religion) حرّم 2s
force أجْبر 4s
forget نِسي 1d3 **T-96**
forgive غفر 1s2; سامح 3s
forgotten: be ~ اِنْتسى 8d
form شكّل 2s; كوّن 2s
found أسّس 2s
freeze *(intr.)* اِتْجمّد 5s
fried: be ~ اِنْقلى 7d
frighten خوّف 2s
frown كشّر 2s
fry *(tr.)* قلى 1d1; اِنْقلى 7d
fuck ناك 1h1
full: become ~ (of food) شِبِع 1s4
fun: have ~ اِتْسلّى 5d; make ~ (of على) اِتْمَسْخر 12s
gain كِسِب 1s4; رِبِح 1s4
gather لمّ 1g1; ضبّ 1g2
gaze بحْلق 11s
give: ~ back *(tr.)* رجّع 2s; أعْطى 4d irr. **T-3**
go راح 1h2 **T-46**; ~ down نِزِل 1s5; ~ for a walk اِتْمشّى 5d
govern حكم 1s3
graduate (from مِن) اِتْخرّج 5s
graze رعى 1d2
greet اِسْتقْبل 10s; ~ على سلّم 2s
grind طحن 1s1
grow (a plant) زرع 1s1; ~ up كِبِر 1s4; ~ old عجّز 2s
grumble تمْتم 11s
guarantee ضِمِن 1s4
guard حرس 1s3
guess حزّر 2s
guide دلّ 1g1
haggle over ساوم 3s
hammer دقّ 1g2
hang *(tr.)* علّق 2s; ~ out (with friends) قرْدر 11s
happen صدف 1s3
happy: make ~ بسط 1s2
harvest حصد 1s3; جمع 1s1
hate كِرِه 1s4
have إلو **T-103**; عِنْدو **T-105**; معو **T-107**
head (toward لـ) اِتْوجّهْ 5s
heal طاب 1h1
hear سِمِع 1s4 **T-58**
heat up *(tr.)* سخّن 2s
help ساعد 3s **T-54**
herd رعى 1d2
hesitate اِتْردّد 5s
hide خبّى 2d
high: make ~ علّى 2d
hire شغّل 2s
hit ضرب 1s3; ~ (a target) صاب 1h1
hold مسك 1s2 **T-93**
home: go ~ روّح 2s
honor أكْرم 4s
hope اِتْمنّى 5d **T-14**
hug عبط 1s3
hum تمْتم 11s
hungry: become ~ جاع 1h2

hunt صاد 1h1
hurt أجع 1s irr.; جرح 1s1
imagine اِتْخيّل 5s; اِتْصوّر 5s
impose (on على) فرض 1s2
imprison حبس 1s2
imprisoned: be ~ اِنْحبس 7s
improve *(intr.)* اِتْحسّن 5s; *(tr.)* حسّن 2s
increase *(intr.)* زاد 1h1; *(tr.)* كترّ 2s
indicate على دلّ 1g1
infected: get ~ اِنْعدى 7d
inflect (a word) صرّف 2s
influence أثّر 2s
inform بلّغ 2s; خبرّ 2s
initiate بادر 3s
injure جرح 1s1; be ~d اِنْصاب 7h **T-27**
insist أصرّ 4g
inspired: be ~ (by مِن) اِسْتَوْحى 10d
insult أهان 4h **T-8**
intend نَوى 1d1
interested: be ~ اِهْتمّ 8g **T-31**
interrogate اِسْتجْوَب 10s
interview قابل 3s
introduce (to على) عرّف 2s
invite عزم 1s2 **T-71**
iron كَوى 1d1
is: *see* **be**
issue صدر 1s2
itch حكّ 1g2
jail: go to ~ اِنْحبس 7s
jog هرْول 11s
jogging: go ~ هرْول 11s
join اِشْترك 8s; اِنْضمّ 7g **T-28**
joke مزح 1s1; نكّت 2s
jump نطّ 1g2
kick (a ball) شاط 1h2
kid مزح 1s1
kidnap خطف 1s3
kill قتل 1s3 **T-80**
kiss باس 1h2
knock دقّ 1g2
know عِرِف 1s5 **T-70**
land هبط 1s3
late: be ~ اِتْأخّر 5s
laugh ضِحِك 1s4 **T-64**; make ~ ضحّك 2s
lay (an egg) باض 1h1
lead قاد 1h2
learn اِتْعلّم 5s **T-10**
leave ساب 1h1 **T-53**
lend (money) دايَن 3s
lessen *(tr.)* خفّف 2s
let خلّى 2d **T-44**; ~ in فوّت 2s
liberate حرّر 2s
lick لحس 1s1
lie كذب 1s2 **T-86**
lift and carry شقل 1s3
light (a cigarette) ولّع 2s
lighten *(tr.)* خفّف 2s
like حبّ 1g1 **T-37**; اِسْتحْلى 10d
live عاش 1h1; سكن 1s3 **T-57**
lock قفّل 2s
long for اِشْتاق 8h
look at في/بِـ اِتْطلّع 5s; ~ for دوّر 2s
lose ضيّع 2s; (a game) خِسِر 1s4
lost: get ~ ضاع 1h1
love حبّ 1g1 **T-37**; passionately عِشِق 1s4
lower: make ~ نزّل 2s; وَطّى 2d
lunch: have ~ اِتْغدّى 5d **T-11**
mail بعت 1s1
maintain على حافظ 3s
major (in بِـ) اِتْخصّص 5s
make خلّى 2d **T-44**
manage أدار 4h; ~ (to do) لحّق 2s; ~ without اِسْتغْنى 10d **T-19**
manufacture صنع 1s1
married: get ~ (to) اِتْجوّز 5s
massage دلّك 2s
mean قصد 1s3
measure قاس 1h1

meet اِتْعرّف 5s; ~ (with مع) اِجْتمع 8s; ~ by chance صادف 3s; ~ up (with بـِ) اِلْتقى 8d
melt *(intr.)* داب 1h2; *(tr.)* دوّب 2s
memorize حِفِظ 1s4
mention ذكر 1s3
milk حلب 1s2
mince فرم 1s3
miss اِشْتاق 8h
mix خلط 1s2, 1s3; ~ up لخْبط 11s
money) خِسِر 1s4
mop مسح 1s1
mourn حِزِن 1s4
move *(tr.)* حرّك 2s **T-38**; *(intr.)* اِتْحرّك 5s; ~ (houses) نقل 1s2; ~ out of the way زاح 1h1
multiply ضرب 1s3
nag نقّ 1g2
name سمّى 2d; be ~ed اِتْسمّى 5d
need اِحْتاج 8h; عاز 1h2
nominate رشّح 2s
notice لاحظ 3s
observe اِلْتزم 8s
occupy اِحْتلّ 8g; شغل 1s2
occur صدف 1s3
offer عرض 1s2; قدّم 2s
old: get ~ خْتْيَر 11s
open فتح 1s1 **T-75**
operate شغّل 2s
oppose عاكس 3s
optimistic: be ~ اِتْفاءل 6s
order أمر 1s3 **T-7**
organize نظّم 2s
overtake اِتْجاوَز 6s
own ملك 1s2
pack (a suitcase) ضبّ 1g2
paint دهن 1s1
pale: become ~ اِبْيَضّ 9s
palpitate دقّ 1g2
park (a car) صفّ 1g2
participate (in بـِ) اِشْترك 8s
pass اِتْجاوَز 6s; قطع 1s1; ~ (by) مرق 1s3; ~ (by) فات 1h2; ~ away اِتْوَفّى 5d; ~ by مرّ 1g2
patch رقّع 2s
pay دفع 1s1 **T-45**; ~ off (debt) سدّد 2s
pee شخّ 1g2; بوّل 2s
peep بصْبص 11s
perform أدّى 2d; مثّل 2s; نقّد 2s; ~ ritual ablutions اِتْوَضّى 5d
permit سمح 1s1
pessimistic: be ~ اِتْشاءم 6s
phone كلّم 2s **T-87**
photocopy صوّر 2s
photograph صوّر 2s; be ~ed اِتْصوّر 5s
pick نقّى 2d; ~ up ركّب 2s; ~ up شال 1h1
piss شخّ 1g2
pity على شِفِق 1s4
plan خطّط 2s
plant (a seed) زرع 1s1
play لِعِب 1s4 **T-89**; ~ (an instrument) عزف 1s2
plead اِتْرجّى 5d
please عجب 1s2; بسط 1s2; راضى 3d; be ~d رِضي 1d3
plow حرث 1s3; ~ (field) فلح 1s1
point (to على) دلّ 1g1
polish فرك 1s3
postpone أجّل 2s
pour كبّ 1g1; صبّ 1g2
practice مارس 3s; ~ على اِتْدرّب 5s; ~ (a sport) اِتْمرّن 5s
praise مدح 1s1
pray دعا 1d1; ~ (ritual prayer) صلّى 2d
preach وَعظ 1s6; ~ (about بـِ) بشّر 2s
prefer فضّل 2s
pregnant: get ~ حِبِل 1s4
prepare جهّز 2s; حضّر 2s
present قدّم 2s; عرض 1s2

pressure أصرّ 4g
print طبع 1s1
promise وَعد 1s6 **T-99**
promoted: get ~ (at work) اِتْرقّى 5d
pronounce نطق 1s3
protect حمى 1d1
protest اِحْتجّ 8g; اِتْظاهر 6s
provide وفّر 2s
provoke اِسْتفزّ 10g **T-21**
publish نشر 1s3
pull شدّ 1g1; جرّ 1g2
punish جازى 3d
pursue لاحق 3s
push زقّ 1g2
put حطّ 1g2 **T-41**; ~ away ضبّ 1g2; ~ in فوّت 2s; ~ on weight نِصِح 1s4; ~ aside (money) حوّش 2s
qualify أهّل 2s
quarrel *(intr.)* اِتْقاتل 6s
quiet: be ~ اِنْخرس 7s; be ~ سكت 1s3
quit بطّل 2s
rain شتّى 2d
raise رفع 1s1; ربّى 2d
rape اِغْتصب 8s
reach طال 1h2
read قرا 1d2 **T-82**
ready: get ~ اِسْتعدّ 10g
realize حقّق 2s
receive اِسْتلم 8s
reciprocate بادل 3s
record سجّل 2s
recover طاب 1h1
recruit جنّد 2s
reduce *(tr.)* قلّل 2s; *(intr.)* قلّ 1g1
refuse رفض 1s3
regret نِدِم 1s4; اِتْأسّف 5s
religious: become ~ اِتْداين 6s
remember اِتْذكّر 5s
remind ذكّر 2s; زكّر 2s
remove شال 1h1; فكّ 1g1; ~ (clothes) شلح 1s1
renew جدّد 2s
rent (from مِن) اِسْتأْجر 10s; ~ (to لـ) أجّر 2s
repair صلّح 2s
repeat عاد 1h1
repent تاب 1h2
replace بدّل 2s
reply ردّ 1g2; جاوَب 3s
report بلّغ 2s
represent مثّل 2s
request طلب 1s3 **T-67**
require عاز 1h2
rescue نجّى 2d
resent حقد 1s2
reserve حجز 1s2
resign اِسْتقال 10h
respect اِحْترم 8s
respond to جاوَب 3s
rest اِسْتراح 10h; اِرْتاح 8h **T-17**
retire اِتْقاعد 6s
return رِجِع 1s4 **T-48**; *(tr.)* رجّع 2s; ردّ 1g2
review راجع 3s
revise راجع 3s
reward جازى 3d
rid: get ~ of اِتْخلّص مِن 5s
ride رِكِب 1s4 **T-49**; give a ~ to ركّب 2s
ring رنّ 1g1; دقّ 1g2
rinse شطف 1s3
rise قام 1h2; (of sun) شرق 1s3
roam around *(tr./intr.)* دار 1h2
rot *(intr.)* عفّن 2s
rouse *(tr.)* صحّى 2d
rub فرك 1s3
ruin *(tr.)* خرّب 2s
rummage بعْبش 11s
run جرى 1d1; ~ away شرد 1s3; ~ into صادف 3s
save حوّش 2s; ~ (a file) حِفِظ 1s4

saw (wood) نشر 1s3
say قال 1h2 **T-78**
scare خوّف 2s
scrape حكّ 1g2
scratch حكّ 1g2
scream عيّط 2s
seal سدّ 1g1
search (for على) دوّر 2s; ~ through بعْبش 11s
see شاف 1h2 **T-59**
seen: be ~ اِنْشاف 7h
select نقّى 2d
sell باع 1h1 **T-32**
send وَدّى 2d; بعت 1s1
separate فصل 1s2
serve خدم 1s2
set حدّد 2s
set حطّ 1g2 **T-41**
settle سدّد 2s
sew خيّط 2s
shake خضّ 1g2; هزّ 1g1
sharpen (a pencil) برّى 2d
shave حلق 1s2
shear (a sheep) جزّ 1g1
shock لخم 1s2; خضّ 1g2
shoot (a goal) شاط 1h2
shout صيّح 2s; عيّط 2s
shove زقّ 1g2
show وَرْجى 11d **T-97**; ~ the way دلّ 1g1
shut up سكت 1s3
sick: get ~ مِرِض 1s4
sign مضى 1d1; وقّع 2s
silent: keep ~ اِنْخرس 7s
sing غنّى 2d
sink غرق 1s1
sit قعد 1s3 **T-83**
ski اِتْزلّج 5s
sleep نام 1h3 **T-95**
slip اِتْزحْلق 12s
slow down *(tr.)* خفّف 2s
smell *(tr.)* شمّ 1g1
smile اِبْتسم 8s
smoke دخّن 2s
smuggle هرّب 2s
snatch خلع 1s1
sneeze عطس 1s3
snore شخّر 2s
sold: be ~ اِنْباع 7h
solve حلّ 1g1
solved: be ~ اِنْحلّ 7g
sorry: be ~ اِتْأسّف 5s
sort (in rows) صفّ 1g2
speak حكى 1d1 **T-42**
specialize (in بـِ) اِتْخصّص 5s
speed اِتْخطّى 5d
spend (money) صرف 1s2, 1s3; ~ (time) مضّى 2d; ~ the night بات 1h3
spill كبّ 1g1
spit تفّ 1g1; بزق 1s3
spoil *(tr.)* خرّب 2s
spray رشّ 1g2; بخّ 1g2
stamp ختم 1s2
stand وِقِف 1s7 **T-102**; طاق 1h2
staple كبس 1s2
stare بحْلق 11s
state صرّح 2s
stay ضلّ 1g3 **T-65**; ~ up late سِهِر 1s4
steal سرق 1s2
step دعس 1s1
stingy: become ~ بِخِل 1s4
stitches: get ~ اِتْغرّز 5s
stop *(tr.)* وقّف 2s; وَقّف 2s **T-101**; ~ by مرق 1s3
stretch *(tr.)* مدّ 1g1
strict: be ~ شدّد 2s
study قرا 1d2 **T-82**; درس 1s3
stuff حشى 1d1
submerge غاص 1h2

submissive: be ~ (in prayer) خشع 1s1
submit قدّم 2s
subtract طرح 1s1
succeed نجح 1s1
suck مصّ 1g2
suckle رِضِع 1s4
suffer عانى 3d
suffice كفّى 2d
suffocate اِنْخنق 7s
suggest اِقْترح 8s
sunburned: get ~ اِسْمرّ 9s
supply وفّر 2s
support سند 1s2
suppose اِفْترض 8s; فرض 1s2
surprise فاجئ 3s
surprised: be ~ اِتْفاجئ 6s
swallow بلع 1s1; ~ the wrong way اِتْشرْدق 12s; شرِق 1s4
swear حلف 1s2; سبّ 1g1
sweat عِرِق 1s4
sweep كنّس 2s
swim سبح 1s1
switch off طفى 1d1; ~ off طفّى 2d; ~ on ضوَى 1d1
take أخذ 1s irr. **T-2**; ودّى 2d; ~ away شال 1h1; ~ off (clothes) شلح 1s1; ~ out طلّع 2s; ~ up(stairs) طلّع 2s
tan اِسْمرّ 9s
taste داق 1h2
teach درّس 2s; علّم 2s
tear خزّق 2s
tease اِتْمسْخر 12s
tell خبّر 2s
thank شكر 1s3 **T-61**
thaw *(intr.)* داب 1h2; *(tr.)* دوّب 2s
there: ~ to be في **T-106**
think فكّر 2s **T-76**; اِفتكر 8s
thirsty: become ~ عِطِش 1s4
throw زتّ 1g1; رمى 1d1 **T-50**; ~ away زتّ 1g1; ~ up اِسْتفْرغ 10s; نتق 1s3; نتق 1s3
thrown: be ~ اِرْتمى 8d
tidy up ضبّ 1g2
tighten شدّ 1g1
tired: get ~ تِعِب 1s4; اِنْهلك 7s
tolerate اِتْحمّل 5s
torture عذّب 2s
touch لمس 1s2 **T-92**
train أهّل 2s; درّب 2s
translate ترْجم 11s **T-34**
translated: be ~ اِتْرجْم 12s
travel سافر 3s
tread (on على) دعس 1s1
treat عامل 3s **T-69**; اِتْعامل 6s **T-9**; عالج 3s
trim (one's beard) زبّط 2s
trip *(tr.)* فركْش 11s; *(intr.)* اِتْفركْش 12s
trouble: make ~ شبك 1s2
trust وِثِق 1s7
try حاوَل 3s **T-36**; ~ (out) جرّب 2s
tune (an instrument) لحّن 2s
turn *(tr./intr.)* دار 1h2; لفّ 1g1 **T-90**; ~ blue *(intr.)* اِزْرقّ 9s; ~ gray شاب 1h1; ~ green اِخْضرّ 9s; ~ into اِتْحوّل 5s; ~ off طفى 1d1; ~ off طفّى 2d; ~ on ضوَى 1d1; ~ red اِحْمرّ 9s **T-16**; ~ up (the volume) علّى 2d; ~ yellow اِصْفرّ 9s
unbutton فكّ 1g1
understand فِهِم 1s4 **T-77**; ~ each other اِتْفاهم 6s
undo فكّ 1g1
undress شلح 1s1; *(tr.)* شلّح 2s
unpack *(tr.)* فضّى 2d
untie فكّ 1g1
untied: become ~ اِنْحلّ 7g
up: get ~ قام 1h2
upset زعّل 2s
urge ألحّ 4g
urinate شخّ 1g2; بوّل 2s

use اِسْتعْمل 10s **T-18**; اِسْتخْدم 10s
used: get ~ to اِتْعوّد 5s
useful: be ~ فاد 1h1
vacate *(tr.)* فضّى 2d
value قدّر 2s
vandalize *(tr.)* خرّب 2s
verify حقّق 2s; أكّد 2s
visit زار 1h2 **T-51**
vomit اِسْتفْرغ 10s; نتق 1s3
vote صوّت 2s
wait اِسْتنّى 10 irr. **T-23**; اِنْتظر 8s
wake (up) *(tr.)* صحّى 2d; ~ up *(intr.)* صِحي 1d3 **T-63**
walk مشى 1d1 **T-94**
want بِدّو **T-104**
warm: become ~ دِفي 1d3; ~ up *(intr.)* دِفي 1d3; ~ up *(tr.)* سخّن 2s
warn نبّه 2s
wash غسل 1s2 **T-73**; ~ (dishes) جلى 1d1
watch حِضِر 1s4 **T-40**; ~ اِتْفرّج على 5s
water (a plant) سقى 1d1
wear لِبس 1s5 **T-88**; ~ a hijab اِتْحجّب 5s
weight: lose ~ ضِعِف 1s4
welcome اِسْتقْبل 10s; أهّل 2s
wet: get ~ اِنْبلّ 7g; بلّ 1g1
whisper وَشْوَش 11s
whistle صفّر 2s
white: become ~ اِبْيَضّ 9s
whiten بيّض 2s
widen وسّع 2s
win كِسِب 1s4; رِبِح 1s4; ~ (a game) فاز 1h2
wink غمز 1s2
wipe مسح 1s1
withdraw سحب 1s1
work اِشْتغل 8s **T-25**; make ~ شغّل 2s; ~ hard فلح 1s1; ~ out اِتْمرّن 5s; ~ out (successfully) ظبط 1s2
worry قِلِق 1s4; شغل 1s2
wound جرح 1s1
wrap لفّ 1g1 **T-90**
write كتب 1s2 **T-85**
yawn اِتّاوَب 6s
yell عيّط 2s

Printed in Great Britain
by Amazon

64546103R00098